O PODER DE DEUS

Agradecimentos

Ousadamente, acredito que a coleção **O Poder do Poder** é um momento novo na indústria do livro. Um novo conceito de "construir e escrever" livros está nascendo — o livro-clipping.

Este sonho empresarial foi e é um desafio no jogo da vida. Aliás, este jogo — descobri — não é um jogo *ganha-perde* ou *perde-ganha*, é um jogo *ganha-ganha*. Todos ganham, culturalmente. Do autor ao leitor.

Quando começo a pensar nos difíceis estágios por que passou este projeto, não posso deixar de lembrar a importante colaboração que recebi de várias pessoas, sem as quais não seria possível a sua realização material.

Com orgulho literário, agradeço a todas essas pessoas, físicas e jurídicas — pesquisadores, programadores, jornalistas, escritores, advogados, empresários, diretores de editoras, de gráficas, de jornais e TVs — o apoio direto ou indireto que ofereceram à realização deste trabalho. Sem a solidariedade, profissional e humana, desses amáveis colegas de trabalho, este projeto editorial jamais teria sido possível.

A todos, minha infinita gratidão.

O Editor

Coleção
O PODER DO PODER

O PODER DE DEUS

Que é Deus?
Eis a mais metafísica de todas as perguntas que o homem faz a si mesmo.
Paradoxalmente, "ninguém pode achar Deus — mas Deus pode achar o homem, se ele se tornar achável".

33

VOCÊ TEM O PODER DE MUDAR A SUA VIDA

LIVRO MARTIN CLARET CLIPPING

Coleção

O PODER DO PODER

Idealização e Realização
Martin Claret

Pesquisa e Organização
Manville Avalon

Projeto Gráfico
José Duarte Teixeira de Castro

Digitação
Conceição A. Gatti Leonardo

Revisão
Elizabeth F. da Silva

Editoração Eletrônica
Bypress Comunicação

Direção de Arte
José Duarte Teixeira de Castro

Fotolito da Capa
OESP

Fotolitos em Editoração Eletrônica
ERJ Informática

Papel
Off-set/ 87 x 114 x 90g

Impressão e Acabamento
Cromosete Gráfica e Editora

EDITORA MARTIN CLARET
Rua Alegrete, 62 - Bairro Sumaré - CEP 01254-010
Tel.: (11) 3672-8144 - Fax: (11) 3673-7146
São Paulo - SP

www.martinclaret.com.br
comercial@martinclaret.com.br

LIVRO	MARTIN CLARET	CLIPPING

O Livro Vivo

MARTIN CLARET

O poder da informação

O homem é um animal neurolingüístico. Ele cria sua realidade a partir do pensamento e da palavra. Sua potencialidade é quase infinita. O conhecimento de si mesmo é a sua meta suprema.

Essa escalada do homem é uma imensa epopéia cósmica, e neste contexto cada criatura é um herói. Mas o início dessa escalada cultural foi terrivelmente difícil.

Vivemos, hoje, na "idade da informática". Não mais fazemos parte de uma cultura coletora, agrícola ou industrial, mas de uma cultura da informação. Vivemos numa época de profundas mudanças. Novas idéias e novos movimentos mudam o mundo quase que diariamente. Essas mudanças vêm a nós através de livros, jornais, cinema, teatro, filmes, *chips* de computador, etc. Nesta nova sociedade, quem tiver mais informações, tem maior poder. John Galbraith, o iluminado autor de *A Era da Incerteza*, proclamou: "Dinheiro é o combustível da sociedade industrial. Mas na sociedade da informática o combustível, o poder, é o conhecimento. Vê-se agora a estrutura de uma nova classe dividida entre aqueles que têm informação e os que devem atuar na ignorância. Esta nova classe não tem poder no dinheiro, ou na terra, mas no conhecimento."

Hoje, essa chave do poder do conhecimento é acessível à maioria dos seres humanos.

Definição de poder

Poder.

Nada exerce mais atração sobre os seres humanos do que essa palavra mágica. Nenhuma paixão é mais duradoura, nenhuma companhia mais constante. O poder é uma das mais legítimas emoções humanas. Sua motivação são os resultados. Agir para ser mais.

Poder é uma palavra incrivelmente emocional. Diante dela são infinitas nossas reações. Cada um tem um conceito pessoal da palavra poder. Para muitas pessoas ela tem uma conotação negativa. Outras, explícita ou secretamente, cobiçam o poder. Os mais ortodoxos suspeitam do poder. Cada um tem uma definição própria para o vocábulo poder.

Como uma cultura, nós temos sido ambivalentes a respeito do poder. Não obstante, poder — que deriva do latim *potere*, "ser capaz" — é energia. Sem poder não há ação ou movimento. Poder é um assunto central da transformação do ser humano.

Eu proclamo o Poder Correto — o poder usado não como instrumento negativo ou para glorificar o ego, mas a serviço da Vida. O poder como um ato de sabedoria e não como um instrumento para manipular pessoas. Poder compartilhado, e não o poder imposto.

Poder é a capacidade e habilidade de mudar nossas vidas. É a habilidade de definir as necessidades humanas e resolvê-las. Poder é energia.

O amor ao poder

Michael Korda, o editor-chefe da poderosa editora Simon & Suster — ele mesmo participante do fascinante jogo do poder —, no seu best-seller *Poder, Como Conquistá-lo, Como Utilizá-lo*, nos dá didaticamente as principais normas para criar poder.

Para completa informação de meus leitores, passo a transcrevê-las.

Primeira: "Pratique cada ação como se fosse a única coisa que realmente importa no mundo." Segunda: "Nunca revele aos outros tudo a teu respeito; guarde alguma coisa de reserva, para que eles nunca tenham certeza de que realmente te conhecem." Terceira: "Aprende a usar o tempo e pense nele como um amigo, não como um inimigo. Não o desperdices indo atrás de coisas que não desejas." Quarta: "Aprende a aceitar os teus erros. Não sejas perfeccionista a respeito de tudo." Quinta e última norma: "Não cries ondas; move-te suavemente, sem complicar as coisas."

Como homem, para quem o único limite do poder é o limite de acreditar, Michael Korda, nos dá, ainda, este ensinamento essencial: "Quanto mais mecânico e complicado for o nosso mundo, mais precisamos da simplicidade do poder para nos guiar e proteger. É o único dom que nos permite continuar sendo humanos num mundo desumano — porque o amor ao poder é o amor por nós mesmos."

A gênese da coleção O Poder do Poder

Sou editor de livros. O universo da minha vida sempre gravitou em torno de ler livros e "fazer livros". Sempre amei o livro em todas as suas formas e sempre acreditei na função do livro. Para mim o livro tem o poder de mudar as pessoas, e de mudar o mundo. Há 20 anos proclamo o princípio cultural de "Ler mais para ser mais".

Na juventude e mesmo como adulto sempre copiei, recortei ou xeroquei textos de "especial importância" para o desenvolvimento do potencial humano. Formei pastas e pastas desse material informativo — para meu uso e eventualmente para o uso dos amigos. Essa idéia foi inspirada no genial DeWitt Wallace, o fundador da *Reader's Digest* (a nossa *Seleções*) — o projeto editorial de maior sucesso em todo o mundo. DeWitt também, antes de fundar sua revista "praticava" esse singular *hobby* de colecionar recortes de artigos de interesse permanente — aliás, essa foi a idéia que deu origem à sua famosa revista multinacional. Mais tarde, usei parte desse meu material e o *know-how* adquirido em minha atividade profissional. Esta é a gênese da coleção **O Poder do Poder** e de outros trabalhos editoriais realizados por mim.

O Livro-clipping

O útil *Dicionário de Comunicação*, de Carlos Alberto Rabaça/Gustavo Barbosa, publicado pela Editora Codecri, define a palavra inglesa **clipping**, assim: **1.** Serviço de apuração, coleção e fornecimento de recortes de jornais e revistas sobre um determinado assunto, sobre as atividades de uma empresa ou instituição, sobre determinada pessoa, etc. É realização geralmente da organização, pela agência de RP ou de Publicidade que atende à empresa, ou por uma agência especializada neste tipo de serviço (conhecida como agência *clipper*). **2.** Recorte de jornal. **3.** O conjunto de recortes, recebido pelo interessado."

Sem o saber, inconscientemente, ao colecionar e "organizar" os meus recortes, sempre vinha exercendo o ofício de organizar *clipping*, embora fosse para uma só pessoa — para mim mesmo.

Impulsionado por várias circunstâncias, depois de alguns anos, já como editor, resolvi usar os meus conhecimentos para elaborar esta coleção, usando o mesmo princípio do *clipping*. Dei uma estrutura mais refinada ao material de texto, organizei os assuntos, criei uma capa — e eis o *livro-clipping*. O grande e principal objetivo é difundir conhecimentos especializados, e transformar as pessoas. Sempre fui centrado nessa magnífica obsessão.

Estrutura textual da coleção

Estatísticas nos Estados Unidos revelam a incrível constatação: quase 50% das pessoas que compram livros não os lêem até o final. No Brasil não é diferente. Motivos: além de hábitos culturais improdutivos, descuidos de editoração contribuem para essa lamentável situação.

A coleção **O Poder do Poder** é um esforço para corrigir, qualitativamente, algumas dessas falhas. Minha meta principal é apresentar um novo conceito de fazer livros — o livro-*clipping*. O livro essencializado, de interesse permanente, com texto na medida certa e de agradável diagrama. Livro de fácil leitura.

A coleção é aberta — são aceitas sugestões de títulos e de assuntos. O próprio leitor torna-se um colaborador.

Embora esta coleção tenha estrutura de continuidade, cada livro possui sua autonomia própria. É um livro com começo, meio e fim. Os textos são capítulos essenciais extraídos de publicações nacionais e estrangeiras com afinidade de assunto, formando sinergeticamente um material redacional de grande coerência. A integridade do texto original é totalmente conservada.

Aos leitores que tenham interesse em aprofundar o assunto tratado em cada capítulo, recomendamos a leitura do livro original. Desejamos, mesmo, que os textos de cada capítulo motivem o leitor a uma consulta mais extensa ao livro-matriz. Aliás, esta é a essência do *livro-clipping* — provocar interesse e informar.

Mensagem cultural

A Galáxia de Johann Gutenberg (1400-1468) continua em expansão. A "idade da informática" ilumina mentes e corações. O homem continua sua fantástica escalada cultural. Nesse imenso universo vivo, o livro é a maior fonte de conhecimento e *poder*.

Livro muda as pessoas.
Livro muda o mundo.
"Ler mais para ser mais."

DEUS
Huberto Rohden
Formato: 14 x 21
216 páginas
Editora Martin Claret
Tel.: (011) 262-8144
São Paulo
1988
(Ver pág. 107)

A Experiência de Deus

HUBERTO ROHDEN

Pode-se Provar a Existência de Deus?

Tomás de Aquino, considerado o maior teólogo da cristandade, elaborou, científico-filosoficamente, cinco argumentos para provar a existência de Deus, e até hoje estes argumentos são ruminados pelos estudantes de teologia católica, nos seminários.

No fim da vida, porém, Tomás, depois de uma revelação transcendental, nunca mais escreveu nada, e, perguntado pela razão do seu silêncio, respondeu: "Tudo que escrevi é palha."

Quem julga ter provado Deus é ateu, e quem adora esse Deus demonstrado é idólatra.

Nunca nenhum mártir morreu sorridente por um Deus cientificamente provado.

A inteligência pode dar certa luz, mas não pode dar força.

Então, não podemos ter certeza da existência de Deus?

Podemos ter absoluta certeza, não por provas analítico-intelectuais, mas sim pela intuição racional (espiritual).

E esta intuição, quando funciona? Quando o homem dá abertura para a invasão cósmica, para essa alma do Universo, então tem ele plena certeza de Deus.

Mas esta abertura, ou esse abrimento, é que é o grande problema, e a dolorosa problemática do homem.

Quem quer luz solar na sua sala, deve abrir uma janela rumo ao sol.

Quem quer ser invadido por Deus deve tornar-se invadível, deve remover o obstáculo que impede essa invasão da luz solar da Divindade.

Que obstáculo é esse?

A ilusão de que o ego humano seja a Realidade do homem; enquanto persistir a identificação ilusória do seu ego periférico com seu Eu central, não há nenhuma possibilidade para a invasão da verdade libertadora.

Ninguém pode achar Deus — mas Deus pode achar o homem que se torne achável.

Ninguém pode descobrir Deus — mas Deus pode descobrir o homem, se este o permitir.

Mas esse "permitir" é que é a dolorosa problemática do homem; dificilmente o homem-ego permite ser invadido por Deus, porque essa invasão derruba dos seus pedestais todos os ídolos do panteon humano

Portanto, a certeza sobre Deus não consiste numa fabricação positiva da inteligência, mas na abertura negativa dela, para que a cosmo-consciência possa funcionar.

Viver Deus dá certeza — sofrer Deus dá angústias.

A vivência de Deus é perfeitamente compatível com a sofrência de Deus. Todo o homem que toma a sério a vivência de Deus não pode deixar de sofrer Deus.

Os grandes ateus da história — Voltaire Guerra Junqueiro, Nietzsche, e tantos outros — eram os maiores teístas, tidos como ateístas por aqueles que nunca viveram Deus, mas só repetiam teologias balofas sobre Deus. Os grandes ateístas da história são os grandes teístas, os místicos.

Quem toma a sério as teologias balofas prova que não viveu Deus. Os grandes místicos que viveram Deus são, geralmente, excomungados pelos teólogos que apenas crêem em Deus; antigamente, os grandes místicos acabavam nas fogueiras da Inquisição, acesas por aqueles que não tinham vivido Deus. Hoje não há mais fogueiras físicas, mas os teólogos mandam os teístas, os místicos, para a fogueira metafísica do inferno, sobre a qual os teólogos julgam ter poder.

Deus não está espetado na ponta de um silogismo impecavelmente construído — Deus está no fim e no meio duma vida corretamente vivida.

Que é Deus?

Deus não é uma pessoa, algum superindivíduo, residente em alguma longínqua galáxia do

Universo. Pessoa, indivíduo, é necessariamente algo finito, limitado.

Deus pode ser chamado a Vida do Universo, da qual vêm todos os vivos, as criaturas finitas. A Vida como tal é transcendente a todos os vivos, mas é também imanente em todos eles; os vivos são vivos porque neles está a Vida. A essência de todos os vivos é a Vida; as existências vivas não são Deus por sua existência, que é sempre limitada. Identificar a existência viva com a essência da Vida seria ilógico panteísmo.

Mas identificar a essência dos vivos com Vida Universal, isto é a grande verdade do monismo.

Quando o homem ultrapassa o âmbito dos sentidos e da mente, que só percebem existências finitas, então atinge ele a zona da essência, a alma invisível de todas as existências visíveis.

Há uma essência absoluta, que se manifesta em todas as existências relativas.

É esta a experiência de todos os místicos, que também se chama êxtase, *samadhi, satori.*

Nenhuma análise intelectual dá certeza de Deus — mas a intuição racional (espiritual) dá plena certeza de Deus.

Deus pode também ser chamado a consciência cósmica, que está, embora imperfeitamente, em todos os conscientes individuais.

A consciência cósmica de Deus é:

— oniconsciente em si, em sua absoluta transcendência,

— inconsciente nos minerais, não por causa do recebido, mas por causa do recipiente,

— subconsciente nos vegetais, pela mesma razão,

— semi-consciente nos animais, pela mesma razão,

— ego-consciente no homem atual, que está demandando à cosmo-consciência da logosfera.

Segundo o eterno princípio da lógica, o Infinito só pode manifestar a sua absoluta infinitude segundo a medida do recipiente relativo das finitudes, em que se manifesta parcial e imperfeitamente.

Neste sentido, diz a sabedoria milenar da *Bhagavad Gita*: "A teia da aranha revela a aranha, mas também a vela." Quer dizer, todo o finito só pode revelar finitamente o Infinito, porque necessariamente também o vela e o encobre.

É este o modo como a oniconsciência se manifesta parcialmente em toda a natureza em que está imanente.

Para o homem que atingiu a cosmo-consciência, todas as coisas do mundo são como santuários da Divindade, onde ele pode cultuar Deus. Mas, como Deus é a consciência universal, e o homem é apenas uma consciência individual, é natural que Deus, apesar de certo, seja sempre um mistério, um enigma, uma dolorosa interrogação.

Quanto mais o homem acha Deus, tanto mais ele o procura. Este homem está na linha reta da certeza de Deus, e por isto mesmo ele o procura sempre mais e sofre a sua própria limitação e finitude, porquanto, diz a matemática: Todo o finito em demanda do Infinito está sempre a uma distancia infinita. Desta dolorosa angústia sofria o próprio Jesus. Dessas dolorosas interrogações estão repletas as páginas deste livro.

Quem nunca viveu e sofreu Deus, dificilmente compreenderá a alma deste livro.

A certeza de Deus é compatível com a procura de Deus.

Deus, o eterno anônimo de mil nomes.

Tão Poderoso és Tu...

Disseram-me, Senhor, que tu eras um Ser onipotente, sapientíssimo e bom — e eu me convenci desta verdade, porque só assim podias ser tu. Qualquer outro deus seria um não-deus.

Disseram-me também que tu, apesar da tua potência, sabedoria e bondade, te havias revelado através dos séculos e milênios, incompetente e vingativo — e eu estranhei tacitamente o que de ti ouvia, tão incompatível com o que de ti sabia.

Disseram-me que havias creado milhares e miríades de seres incorpóreos dotados de grande poder, inteligência e beleza, destinados a serem felizes em tua companhia, mas que muitos desses seres se haviam revoltado contra ti.

Cheio de pasmo e estupor ouvi deste primeiro fracasso do teu poder, da tua sabedoria e bondade — e fiquei desnorteado.

Disseram-me que, depois deste malogro parcial sofrido com o mundo dos puros espíritos, havias feito segunda tentativa, desta vez com seres semi-materiais, na esperança, talvez, de que a ignorância desses seres fosse mais obediente às tuas ordens do que a orgulhosa inteligência dos anjos.

Entretanto, maior que o primeiro foi o teu segundo fracasso. Não só uma parte desses seres se revoltou contra ti, mas todos eles, embora fossem apenas um par.

E tu te viste obrigado a lançar tremenda maldição sobre os rebeldes.

Foi esta a segunda derrota do teu poder e da tua sabedoria, como me contaram.

* * *

Depois, através dos séculos e milênios, tentaste com mil e mil sofrimentos revocar a humanidade ao caminho da tua vontade — mas não tiveste mais sorte que antes, porque a tal abismo de perdição chegou a nossa raça que resolveste exterminá-la da face da terra, excetuando apenas oito pessoas, únicas dentre muitos milhares que não haviam frustrado os teus planos.

Mais tarde, aniquilaste com fogo e enxofre uma série de florescentes cidades, "porque toda a carne corrompera o seu caminho".

Mas também isto foi inútil. A humanidade andou de mal a pior.

Resolveste então escolher um povo que fosse portador do teu espírito através dos séculos. Suscitaste no meio deste povo os teus arautos e videntes que lhe transmitissem a tua divina vontade, e prometeste enviar ao mundo, do seio desse mesmo povo, o teu próprio filho unigênito, a fim de salvar o mundo.

Mas os teus mensageiros foram perseguidos e mortos, e, quando veio o teu grande Messias, foi rejeitado pelos homens, crucificado, morto e sepultado.

E agora quase dois mil anos após a vinda do teu Cristo, a imensa maioria da humanidade ignora ainda o grande acontecimento. Diminuta parcela da humanidade, talvez a quarta parte, ouviu a doutrina do teu Messias — mas quantos lhe adotaram o espírito? quantos se guiam de fato pelo seu Evangelho redentor?

Tal é, Senhor, à luz da nossa filosofia e teologia, a história dos teus planos divinos, história triste e deplorável, o maior malogro que já sofreu um artífice, desde que o mundo existe . . .

* * *

Será possível, meu Senhor eterno e onipotente, que tu sejas tão fraco como pareces à luz da nossa sapiência?... Não será tudo isto senão um aspecto externo e unilateral da tua grande obra?... não será deficiente, e até em grande parte falsa, a nossa perspectiva em face do gigantesco painel do teu universo?

Não, meu Deus, assim não és tu na realidade — assim apenas te imaginam os homens. Tenho certeza de que tua obra, quer angélica, quer humana, é integralmente gloriosa, uma estupenda epopéia de poder sem fraqueza, um poema de amor sem ódio, uma ingente apoteose de sabedoria sem sombra de falência.

Lúcifer desempenha, no grande drama do teu universo, papel não menos importante e glorioso que os anjos e arcanjos que rodeiam o teu trono, que os querubins e serafins que cantam teus louvores...

Era necessário que os anjos e homens se revoltassem contra ti, que afirmassem até o extremo a liberdade que lhes deste, para que contasse historicamente que tu és um Deus de infinita perfeição... Que tu podes dar às tuas creaturas a mais ampla e completa faculdade de fugirem de ti, livre e espontaneamente, na certeza de que, livre e espontaneamente, voltarão a ti... Não admira que sóis e planetas tracem com absoluta fidelidade e precisão as órbitas que lhes prescreveste, uma vez que não podem desobedecer ao império da tua vontade; são máquinas e autômatos do teu irrestrito poder. O que admira, o que me enche de pasmo e assombro é que tu possas fazer com que seres racionais e livres cumpram os teus planos, quando eles têm plena potência e liberdade para não os cumprir... Que tu possas fazer com que estes seres te sirvam sem lhes ofender a liberdade... Que nenhum ser possa frustrar um átomo sequer dos teus planos eternos, embora não o impeças de se frustrar a si mesmo — isto, meu Deus, é a mais estupenda revelação do teu poder e da tua sabedoria. . .

A hostilidade luciferina existe, certamente, entre anjos e homens, mas existe dentro do vasto plano evolutivo que preside a todos os eventos do teu universo, — supremo Artífice. O que nós, vagalumes humanos, enxergamos do teu plano é apenas um recorte infinitesimal, é uma pincelada escura no gigantesco quadro multicor do teu mundo, é um som isolado no meio da imensa sinfonia do teu cosmos. Percebemos apenas o movimento centrífugo de poderosos astros e pequeninos satélites do teu universo total, e não percebemos a força centrípeta que os prende à tua Divindade. O resultado dessas duas forças, aparentemente antagônicas, é a grandiosa harmonia da tua obra, harmonia que só podia resultar da síntese de antíteses, do equilíbrio do "sim" e do "não", do consórcio da atração e da repulsão.

Como poderia acontecer algo que tu não previsses e quisesses?

Certo é que não podes querer o mal absoluto — que nem existe — podes, todavia, querer o mal relativo, que é fator integrante do teu plano eterno e obediente executor da tua vontade, como o próprio bem. Tu, conhecedor da "árvore do conhecimento do bem e do mal", plantasse essa árvore bem no meio do Éden — para quê? para que o homem, conhecedor do bem, fosse também conhecedor do mal, e assim se igualasse a ti, como tu mesmo disseste: "Eis que o homem se tornou semelhante a nós, conhecedor do bem e do mal."

O mal relativo, fator integrante do teu plano eterno, é um anjo luciferino que cumpre a tua vontade parecendo hostilizá-la.

A realidade cósmica é infinitamente mais grandiosa do que a concepção filosófica ou teológica que dela formamos. E por isto teremos sempre de ti, — Deus, e da tua obra, idéia deficiente, imperfeita, falsa.

Que universo seria o nosso se nunca saísse da primitiva nebulosa? se nunca os sóis se separassem uns dos outros? se nunca os planetas e satélites se revoltassem contra seus primitivos centros?

E que universo espiritual seria aquele cujas unidades não tingissem jamais a sua plena consciência individual e proclamassem a sua autonomia?... que nunca se separassem da consciência cósmica nem fizessem do seu semi-eu um pleni-Eu?...

Sem essa individualização, não atingiria o mundo o grau de evolução que, segundo os teus altos desígnios, devia atingir.

Não há polaridade sem pólos opostos — e toda a evolução é filha de alguma polarização. Não há síntese onde faltam antíteses.

Tu, Senhor, quiseste a revolução para que houvesse evolução.

Se tu fosses esse Deus fraco e incompetente engendrado pela humana inteligência, é certo que não devias permitir essa revolução, se não quisesses ver destruída parcialmente a tua obra. Tu, porém, não és esse Deus criado para nossos jardins de infância e escolas primárias. Tu és um Deus infinitamente mais divino do que os homens possam conceber. Tu és integralmente vitorioso em todas as tuas obras. Esta firme convicção enche-me de tamanha luz o espírito e de tão profunda tranqüilidade o coração, que nenhuma infelicidade me pode tornar infeliz, nenhuma tempestade pode revolver as profundezas do meu ser.

De ti veio tudo — e a ti tudo voltará...

Tu és o princípio e o fim — o alfa e o ômega...

A ti serve o "sim" e o "não" — a ti cantam hosanas a luz e

as trevas. . .

Em ti se unem o zênite e o nadir — a ti servem inteligências angélicas e luciferinas...

Tão poderoso és tu que não precisas exibir poder, que podes parecer fraco a ponto de permitir a rebeldia das estrelas matutinas do teu mundo espiritual.

Tão ilimitada é a confiança que tens no teu poder que podes crear seres e abrir-lhes os caminhos do mais longínquo ateísmo — na certeza de que todas as inteligências e vontades são servidores da tua Divindade...

Tão poderoso és tu, Senhor...

Experiência de Deus — e Nada Mais!

Nada há no mundo que possa libertar o homem e a humanidade da insegurança do seu destino e dar-lhe uma sólida razão de ser. Nem o mais verdadeiro e mais alto conceito de Deus — oriental ou ocidental, cristão ou pagão, judeu, católico, protestante ou muçulmano —, nada pode libertar o homem da permanente insegurança e incerteza do seu destino, nada, exceto uma coisa só — a experiência direta de Deus. Esta, sim, põe termo final a todas as incertezas e angústias, a todas as dúvidas e infelicidades. Enquanto não houver no mundo número suficiente de homens que tenham experiência de Deus, nenhuma mudança ponderável será possível no seio da humanidade.

Há milhares de anos que há religiões no mundo, centenas e centenas, mas nenhuma religião, antiga ou moderna, conseguiu dar paz e felicidade à humanidade como tal, embora alguns homens individuais tenham alcançado essa felicidade.

A experiência de Deus é um fenômeno essencialmente individual, místico, e nunca social; não existe nenhuma religião organizada que possa dar ao homem essa experiência. O próprio cristianismo, assim como ele é conhecido através da história, não pode dar ao homem essa experiência. O Cristo não fundou o Cristianismo por nós conhecido; não organizou nenhuma Igreja no sentido social — mostrou o caminho individual por onde cada ser humano pode adquirir a experiência íntima de que "eu e o Pai somos um... eu estou no Pai e o Pai está em mim". *Ekklesía* (em latim *ecclesia,* em português igreja) é um termo não de massa, mas de elite. A verdadeira *Ekklesía* (de *ek-kaléo,* evocar) consta de pequena escola ou elite dos que foram "evocados", selecionados da grande massa anônima dos profanos; os que foram individualmente vocados ou chamados pela graça para um contacto especial com a Divindade são os "iniciados nos mistérios do reino de Deus".

As religiões sociais, organizadas, são necessárias para reprimir, na medida do possível, o egoísmo humano desencadeado pelo despertamento do ego físico-mental-emocional, pela persona do ego. Mas o papel da religião social não é dar ao homem a experiência de Deus, que é um fenômeno essencialmente individual, místico, inacessível a qualquer organização.

As religiões organizadas, ético-sociais, têm dado à humanidade muitas coisas boas — moralidade, caridade, assistência social, literatura, música, pintura, arte em geral — mas nenhuma religião deu, nem jamais dará ao homem, aquilo de que ele mais necessita, a "única coisa necessária", a experiência de Deus. Quando o homem tem essa experiência, pode dispensar todas as outras coisas como supérfluas ou secundárias; se não tem essa experiência, nenhuma dessas outras coisas resolve o problema central da sua existência.

O problema central da existência humana é ser feliz. Mas essa felicidade não deve depender de algo que não dependa dele; não deve ser criada por circunstâncias externas, mas deve brotar da profundeza interna do próprio homem. Felicidade, ou pseudo-felicidade, criada por circunstâncias externas, pode ser também destruída por essas circunstâncias; é precária e incerta, e por isso não é verdadeira e duradoura felicidade.

Ser feliz vem de ser bom.

Mas há dois modos de ser bom: pode o homem ser sacrificialmente bom — e pode ser jubilosamente bom. Somente este segundo tipo de ser bom é que resolve, definitivamente, o problema central da felicidade humana. Enquanto o ser bom ainda for difícil, amargo, sacrificial, está o homem a caminho da felicidade, mas ainda não é solidamente feliz. Enquanto o homem da terra não fizer a vontade de Deus assim como o fazem os homens dos céus — isto é, espontânea e jubilosamente — não está garantida a felicidade do homem.

Mas esse cumprimento da vontade de Deus, assim na terra como nos céus, é impossível ao homem que não tenha experiência íntima e direta de Deus — porque essa experiência de Deus coincide com a experiência do verdadeiro Eu do próprio homem. Se é verdade que esse Eu central do homem é "o espírito de Deus que habita no homem", no dizer de São Paulo, ou "o reino de Deus dentro do homem", então a experiência do nosso divino Eu é a experiência do próprio Deus. O Deus imanente no homem é o Deus transcendente do Universo.

O homem que chega a essa experiência vital chegou ao conhecimento da verdade — da verdade libertadora.

E só esse homem é sólida e irrevogavelmente feliz.

Sem essa experiência o homem é infeliz, no meio de todos os seus gozos.

Com essa experiência o homem é feliz, mesmo no meio de sofrimentos.

Felicidade ou infelicidade são estados do Eu central, são algo que o homem é, e não algo que ele apenas tenha.

A perfeita harmonia do Eu humano com a Realidade divina é a felicidade.

Somente o homem, individualmente, se pode fazer feliz ou infeliz.

A LUZ QUE NÃO SE APAGA
Krishnamurti
Formato: 14 x 21
171 páginas
Instituição Cultural Krishnamurti
Tel.: (021) 223-8856
Rio de Janeiro
1973
(Ver pág. 109)

Pode-se Achar Deus?

KRISHNAMURTI

Sobre a crença em Deus

PERGUNTA: A crença em Deus foi sempre poderoso incentivo para uma vida melhor. Por que negais a Deus? Por que não procurais reanimar a fé do homem na idéia de Deus?

KRISHNAMURTI: Consideremos este problema com amplitude e de maneira inteligente. Eu não nego Deus; seria absurdo fazê-lo. Só o homem que não conhece a realidade se entretém com palavras sem significação. O homem que diz que sabe, não sabe. O homem que conhece a realidade, momento por momento, não tem meios de comunicar essa realidade. A crença é negação da verdade, a crença é um obstáculo à verdade; crer em Deus não é achar a Deus. Nem o crente nem o descrente acharão a Deus. Porque a realidade é o desconhecido, e vossa crença ou descrença do desconhecido é simples autoprojeção, e por conseguinte não é real. Sei que credes e sei que isso tem muito pouca significação na vossa vida. Há muitas pessoas que crêem; milhões crêem em Deus e encontram consolo nisso. Em primeiro lugar, por que credes? Credes porque isso vos dá satisfação, consolo, esperança, e dizeis que essas coisas dão sentido à vida. Na realidade, vossa crença tem muito pouca significação, porque credes e explorais, credes e matais, credes em um Deus universal e vos assassinais mutuamente. O rico também crê em Deus; explora impiedosamente, acumula dinheiro, e depois manda construir uma igreja ou se torna filantropo.

Os homens que lançaram a bomba atômica sobre Hiroxima disseram que Deus os acompanhava; os que voavam da Inglaterra para destruir a Alemanha, diziam que Deus era seu co-piloto. Os ditadores, os primeiros ministros, os generais, os presidentes, todos falam de Deus e têm fé imensa em Deus. Estão prestando algum serviço tornando melhor a vida do homem? As mesmas pessoas que dizem crer em Deus devastaram a metade do mundo e o deixaram em completa miséria. A intolerância religiosa, dividindo os homens em fiéis e infiéis, conduz a guerras religiosas: isso mostra nosso estranho senso político.

A crença em Deus é "poderoso incentivo para uma vida melhor" ? Por que precisais de um incentivo para viver melhor? Ora, por certo, vosso incentivo deve ser vosso próprio desejo de viver com pureza e simplicidade, não achais? Se conferis tanta importância ao incentivo, não estais interessado em tornar a vida possível para todos: estais interessado unicamente no vosso incentivo, que é diferente do meu incentivo — e brigaremos por causa dos nossos incentivos. Se vivemos felizes e unidos, não porque cremos em Deus, mas porque somos humanos, compartilharemos os diferentes meios de produção, a fim de produzirmos, para todos, as coisas necessárias. Em virtude da nossa falta de inteligência, aceitamos a idéia de uma superinteligência, a que chamamos Deus; mas esse Deus, essa superinteligência, não nos dará uma vida melhor. O que conduz a uma vida melhor é a inteligência; e não pode haver inteligência se há crenças, se há divisões de classes, se os meios de produção se encontram nas mãos de poucos, se há nacionalidades isoladas e governos soberanos. Tudo isso indica, por certo, evidente falta de inteligência, e é isso que nos está privando de uma vida melhor, e não a falta de crença em Deus.

Todos vós credes, de diferentes maneiras, mas vossa crença não tem realidade alguma. A realidade é o que sois, o que fazeis, o que pensais, e vossa crença em Deus é apenas uma fuga do vosso viver monótono, estúpido, e cruel. Além disso, a crença, invariavelmente, separa os homens: temos o hinduísta, o budista, o cristão, o comunista, o capitalista, etc. A crença, a idéia, divide, não une os homens. Será possível unir certo número de pessoas em um grupo, mas este grupo se oporá a outro grupo. Idéias e crenças nunca são unificadoras, ao contrário, são fatores de desavença, desintegração e ruína. Por conseguinte, vossa crença em Deus só está, na verdade, espalhando misérias pelo mundo. Ainda que vos tenha trazido momentâneo conforto, na realidade ela trouxe mais sofrimentos e mais destruição, sob a forma de guerras, fome, divisões de classe, e as crueldades de certos indivíduos. Vossa crença, pois, é sem eficácia. Se deveras crêsseis em Deus, se isso fosse uma experiência real, vossos semblantes irradiariam afeto, e não estaríeis destruindo vossos semelhantes.

Mas, que é a realidade, que é Deus? Deus não é a palavra; a palavra não é a coisa. Para conhecer aquilo que é imensurável, independente do tempo, a mente deve estar livre do tempo, o que significa que deve estar livre de todo pensamento, de todas as idéias relativas a Deus. Que sabeis de Deus ou da verdade? De fato nada sabeis daquela realidade. O que conheceis são só palavras, experiências de outrem, ou alguns momentos de experiências um tanto vagas, de vós mesmos. Isso, naturalmente, não é Deus, não é a realidade, não está fora da esfera do tempo. Para conhecer o que está além do tempo, é preciso compreender o processo do tempo, sendo o tempo pensamento, processo de "vir a ser", acumulação de conhecimentos. Ai está todo o fundo que constitui a mente; a mente, ela própria, é o fundo, conscientemente e inconscientemente, coletiva e individualmente. A mente, por conseguinte, deve estar livre do conhecido, o que significa que deve estar de todo silenciosa, sem ter sido posta em silêncio. A mente que alcança o silêncio como resultado, como conseqüência de determinada ação, exercício, disciplina, não é mente silenciosa. A mente que é constrangida, controlada, moldada, posta numa fôrma e obrigada a ficar quieta, não é mente tranqüila. Podeis conseguir, por certo período de tempo, forçar a mente a um silêncio superficial, mas essa mente não é tranqüila. A tranqüilidade só pode vir quando se compreende todo o processo de pensamento, porque compreender o processo é pôr-lhe fim, e o fim do processo de pensamento é o começo do silêncio.

Só quando a mente se acha em silêncio completo, não só na superfície, mas no fundo, de ponta a ponta, tanto nos níveis superficiais como nos níveis mais profundos da consciência

— só então pode o desconhecido manifestar-se na existência. O desconhecido não é passível de ser experimentado pela mente; só o silêncio pode ser experimentado; nada mais senão o silêncio. Se a mente experimenta algo que não seja silêncio, está apenas projetando seus próprios desejos e portanto não está em silêncio; enquanto a mente não está silenciosa, enquanto o pensamento, sob qualquer forma, consciente ou inconsciente, se acha em movimento, não pode haver silêncio. Silêncio é liberdade, é estar livre do passado, do saber, da memória, tanto consciente como inconsciente. Quando a mente está silenciosa de todo, quando não está em uso, quando há o silêncio que não é produto de esforço, só então se manifesta o atemporal, o eterno. Esse estado não é um estado de lembrança; não há nele entidade que se recorda, que experimenta.

Por conseqüência, Deus ou a verdade — ou como quiserdes chamá-lo — é algo que se manifesta de momento a momento, e isso só pode acontecer num estado de liberdade e espontaneidade, e não quando a mente foi disciplinada de acordo com um padrão. Deus não é produto da mente, não é resultado de autoprojeção; só pode surgir quando há virtude, que é liberdade. Virtude é enfrentar o fato, o que é. E enfrentar o fato é um estado de bem-aventurança. Só quando a mente está repleta de felicidade, tranqüila, imóvel, sem nenhuma projeção de pensamento, consciente ou inconsciente — só então se manifesta o Eterno.

Sobre Deus

PERGUNTA: Vós atingistes o real. Podeis dizer o que é Deus?

KRISHNAMURTI: Como sabeis que atingi o real? Para sabê-lo, seria necessário que vós também o tivésseis alcançado. Não estou dando uma resposta sutil. Para conhecer uma coisa deveis estar cem relação com ela; deveis ter tido também a experiência, pessoalmente e, por conseguinte, vossa afirmação de que alcancei a realidade, não tem, evidentemente, sentido. Que importa, se eu a alcancei ou não? O que estou dizendo não é verdadeiro? Ainda que eu seja o mais perfeito dos homens, se o que digo não é verdadeiro, por que me dais atenção? Ora, por certo, meu atingimento da realidade nada tem que ver com o que estou dizendo, e o homem que venera outro homem, por ter esse outro alcançado a realidade, está, em verdade, rendendo culto à autoridade e, por conseguinte, nunca encontrará a verdade. Nenhuma importância tem compreender o que se diz sobre a realidade, ou conhecer o homem que a atingiu, não achais?

Sei que a tradição manda "acompanhar o homem que atingiu a realidade". Mas como saber que ele a atingiu? O que se pode fazer é acompanhá-lo; mas mesmo isso é dificílimo, hoje em dia. Há muito pouca gente boa — no genuíno sentido da expresso — gente que não esteja à procura de alguma coisa, atrás de alguma coisa. Os que estão buscando alguma coisa, ou desejando alguma coisa, são exploradores, e, portanto, é muito difícil achar-se um companheiro para amar.

Idealizamos os indivíduos que alcançaram a realidade, e esperamos que eles nos dêem alguma coisa — o que constitui uma relação falsa. Como se pode estar em comunhão com um homem que atingiu a realidade, quando está ausente o amor ? Esta a nossa dificuldade. Em todas estas discussões, não nos amamos realmente uns aos outros; somos desconfiados. Desejais alguma coisa de mim: instrução, atingimento do real, ou minha companhia — e tudo isso indica que não amais. Como desejais alguma coisa, estais aqui para explorar. Quando amamos, realmente, uns aos outros, a comunhão é instantânea. Então não importa mais que vós tenhais alcançado a realidade e eu não, ou que estejais num plano superior ou inferior. Como nossos corações estão murchos, Deus se tornou extraordinariamente importante. Isto é, desejais conhecer a Deus, porque perdestes a melodia do vosso coração, e saís atrás do cantor, pedindo-lhe que vos ensine a cantar. Ele poderá ensinar-vos a técnica, mas a técnica não conduz à criação. Não sois músico pelo simples fato de saberdes cantar. Podeis conhecer todos os passos de uma dança, mas se não há criação no vosso coração, estais apenas funcionando como máquinas. Não podeis amar, se vosso fim é unicamente alcançar um resultado. Não existe aquilo que chamamos ideal, que é apenas um alvo para ser alcançado. A beleza não é objeto que se alcance; ela é a realidade, agora, não amanhã. Quando há amor, compreende-se o desconhecido, sabe-se o que é Deus, e não se precisa de ninguém para ensiná-lo. Esta é a beleza do amor. Ele é, em si, a eternidade. Como não temos amor, queremos que alguém, ou Deus, no-lo dê. Se amássemos deveras, sabemos como seria diferente este mundo? Seríamos verdadeiramente felizes. Por conseguinte, não colocaríamos nossa felicidade em coisas, na família, em ideais. Seríamos felizes e, conseqüentemente, as coisas, as pessoas e os ideais, não dominariam nossas vidas. Tudo isso é secundário. Porque não amamos e porque não somos felizes, pomos nosso interesse nas coisas, pensando que elas nos trarão a felicidade, e uma das coisas em que pomos nosso interesse é Deus.

Desejais que eu vos diga o que é a realidade. Pode o indescritível ser posto em palavras ?

Pode-se medir o imensurável? Pode-se aprisionar o vento na mão? Se o fazeis, é o vento? Se medis o que é imensurável, é o imensurável? Se o formulais, é o real? Naturalmente que não, pois no momento em que descreveis algo que é indescritível, ele não é mais o indescritível. Do momento em que traduzis o incognoscível no conhecido, ele deixa de ser o incognoscível.

Entretanto, é isso o que buscamos, sequiosamente. Queremos sempre saber, pois teremos então a possibilidade de continuar a existir, a possibilidade — assim pensamos — de conquistar a felicidade final, a permanência. Queremos saber por que não somos felizes, por que estamos lutando, insanamente, por que estamos exaustos, degradados. No entanto, ao invés de reconhecermos o fato simples — que somos entes degradados, estúpidos, cansados, agitados — queremos fugir do conhecido para o desconhecido, que por sua vez se torna o conhecido; desse modo, nunca podemos achar a realidade.

Conseqüentemente, ao invés de perguntar quem atingiu o real ou o que é Deus, por que não aplicais toda a vossa atenção e vigilância ao que é. Encontrareis então o desconhecido, ou, melhor, ele virá ao vosso encontro. Se compreenderdes o que é conhecido, experimentareis aquele silêncio extraordinário, não provocado, não forçado, aquele vazio criador, no qual, e só nele, a realidade pode surgir. A realidade não pode vir àquele que está em "vir a ser", lotando; só pode vir àquele que está em ser, que compreende o que é. Vereis, pois, que a realidade não está ao longe; o desconhecido não está longe de nós; ele se acha em o que é.

Assim como a solução de um problema se encontra no problema, assim também a realidade se encontra em o que é; se pudermos compreender o que é, conheceremos então a verdade.

É sobremodo difícil ter consciência da estupidez, da avidez, da malevolência, ambição, etc. O fato mesmo de estar cônscio do que é, é a verdade. O que nos liberta é a verdade, e não a luta para ser livre. A realidade, pois, não está distante de nós, mas nós a colocamos a distância, porque desejamos que ela nos sirva de continuidade pessoal. Ela está aqui, agora, imediatamente. O eterno, ou o atemporal, existe agora, e o agora não pode ser compreendido pelo homem que está aprisionado na rede do tempo. Para libertar o pensamento do tempo, é preciso ação; a mente porém, que é indolente, preguiçosa, cria sempre novos empecilhos. Essa libertação só é possível pela meditação correta, que significa ação completa — não ação continua, e a ação completa só pode ser compreendida pela mente que compreende o processo da continuidade, que é memória — não a memória fatual, mas a memória psicológica. Enquanto funcionar a memória, a mente não poderá compreender o que é. Nossa mente, entretanto, o nosso ser total, se torna extraordinariamente criador, passivamente vigilante, ao ser compreendida a significação do findar, porque no findar há renovação, ao passo que na continuidade há morte, decomposição.

Existe Deus?

INTERROGANTE: Desejo deveras saber se existe Deus. Se não, a vida é sem significação. Desconhecendo Deus, o homem o inventou mediante crenças e imagens inúmeras. A divisão e o medo gerado por essas crenças o separaram de seus semelhantes. Para fugir às penas e aos malefícios dessa divisão, criou ele mais crenças ainda, e a crescente aflição e confusão o engolfaram. Porque ignoramos, cremos. Posso conhecer Deus? Fiz esta pergunta a vários "santos", tanto na Índia como aqui, e todos exaltaram a crença. "Crede, e O conhecereis; sem crença, jamais O conhecereis." E vós, que pensais?

KRISHNAMURTI: É necessária a crença para se conhecer Deus? Aprender é muito mais importante do que saber. O aprender a respeito da crença é o fim da crença. Livre da crença, tem a mente a possibilidade de olhar. É a crença ou a descrença que escraviza — pois crença e descrença são a mesma coisa, as faces opostas da mesma moeda. Podemos, pois, rejeitar de todo a crença, positiva ou negativa; o crente e o descrente são idênticos. Após essa rejeição, tem então um significado diferente a pergunta "Existe Deus?" — A palavra "Deus", com sua soma de tradição e memória, suas implicações intelectuais e sentimentais, não é Deus. A palavra não é o real. Pode, pois, a mente libertar-se da palavra?

INTERROGANTE: Não sei o que isso significa.

KRISHNAMURTI: A palavra é a tradição, a esperança, o desejo de descobrir o absoluto, a luta por alcançar a realidade última, o movimento que dá vitalidade à existência. Torna-se, assim, a própria palavra a realidade última; mas, pode-se ver que a palavra não é a coisa real. A mente é a palavra, e a palavra é pensamento.

INTERROGANTE: E vós me estais pedindo que me despoje da palavra? Como posso fazê-lo? A palavra é o passado; é memória. A esposa é a palavra, e a casa é a palavra. "No começo, era o Verbo". A palavra é também o meio de comunicação, de identificação. Vosso nome não é vós, mas, se não sei vosso nome, não posso pedir informações a vosso respeito. E vós me estais perguntando se a mente pode libertar-se da palavra — quer dizer, se a mente pode libertar-se de sua própria atividade.

KRISHNAMURTI: No caso da árvore, o objeto está diante de vossos olhos, e a palavra se aplica à árvore, por consenso geral. Ora, com relação à palavra "Deus" não existe nada a que ela possa aplicar-se, de modo que cada homem pode criar sua própria imagem da coisa designada por tal palavra. O teólogo o faz por uma certa maneira, o intelectual por outra, e o crente e o não crente por suas próprias e diferentes maneiras. A esperança gera a crença e, em seguida, a busca. Essa esperança é produto do desespero — o desespero de todos os que nos cercam neste mundo. Do desespero nasce a esperança — também as duas faces da mesma moeda. Quando não há esperança, há o inferno, e o medo ao inferno dá-nos a vitalidade da esperança. Começa, então, a ilusão. A palavra, por conseguinte, levou-nos à ilusão e não a Deus. Deus é a ilusão que adoramos; e o descrente cria a ilusão de outro Deus que ele venera — o Estado, ou uma certa utopia, ou um certo livro que ele pensa conter toda a verdade. Por isso vos perguntamos se podeis libertar-vos da palavra e de sua ilusão.

INTERROGANTE: Preciso meditar sobre isso.

KRISHNAMURTI: Se não há

ilusão, que resta?

INTERROGANTE: Apenas "o que é".

KRISHNAMURTI: "O que é" é o que há de mais sagrado.

INTERROGANTE: Se "o que é" é o que há de mais sagrado, então guerra é sacratíssima, e o são o ódio, a desordem, a dor, a avareza, a pilhagem. Não há então necessidade de falarmos em transformação. Se é sagrado "o que é", nesse caso todos os assassinos e salteadores e exploradores poderão dizer: 'Não me toqueis; o que estou fazendo é sagrado."

KRISHNAMURTI: A própria simplicidade desta asserção, "O que é é o que há de mais sagrado", leva a muita incompreensão, porque não percebemos a verdade que ela encerra. Quando se vê que "o que é" é sagrado, não se mata, não se faz guerra, não se espera nada, não se explora. Quem praticou tais coisas não tem direito a imunidade, porquanto violou uma verdade. O branco que diz ao negro amotinado: "O que é é sagrado; não o perturbes, não te exaltes" — não viu aquela verdade, porque, se a tivesse visto, o negro seria sagrado para ele e não haveria necessidade de exaltação. Assim, se cada um de nós perceber essa verdade, haverá transformação. Esse ver da verdade é transformação.

INTERROGANTE: Vim ter convosco para descobrir se há Deus, e me tornastes totalmente confuso.

KRISHNAMURTI: Viestes perguntar se há Deus, e nós respondemos: A palavra leva à ilusão que adoramos, e por causa dessa ilusão estamos prontos a matar-nos mutuamente. Quando não há nenhuma ilusão, "o que é" é então sacratíssimo. Pois bem; olhemos o que realmente é. Num dado momento, "o que é" pode ser medo, ou extremo desespero, ou passageira alegria. Essas coisas variam constantemente. E há também o observador que diz: "Tudo o que me cerca varia, mas eu permaneço o mesmo". É fato isso, é realmente o que é? Ele também não varia, acrescentando a si próprio, subtraindo de si próprio, modificando-se, ajustando-se, "vindo a ser", "não vindo a ser"? Vemos, pois, que tanto o observador como a coisa observada variam constantemente. "O que é" é variação. Isso é um fato. É "o que é".

INTERROGANTE: O amor é então variável? Se tudo é variação, o amor não faz também parte desse movimento? E, se o amor é variável, nesse caso posso amar uma mulher hoje e dormir com outra amanhã.

KRISHNAMURTI: Isso é amor? Ou quereis dizer que o amor é diferente de sua expressão? Ou estais dando à expressão mais importância do que ao amor e, por conseguinte, criando uma contradição e um conflito? Pode o amor prender-se à roda da mudança? Se pode, nesse caso ele pode também ser ódio; então amor é ódio. Só quando não há ilusão nenhuma, é sacratíssimo "o que é". Não havendo ilusão, "o que é" é Deus — ou outro nome que se preferir. Assim, Deus — ou o nome que lhe derdes — existe quando *vós* não existis. Quando *vós* existis, Ele não existe. Quando *vós* não existis, existe o amor. Quando há *vós*, não há amor.

DEUS EXISTE?
Dominique Morin
Formato: 12 x 18
63 páginas
Edições Loyola
Tel.: (011) 914-1922
São Paulo
1995
(Ver pág.110)

Os Sinais de Deus

DOMINIQUE MORIN

Deus não é avaro de sinais, mas nem sempre é fácil reconhê-los porque eles apelam para um tipo de conhecimento mais particular.

O modo de conhecimento que utilizamos mais freqüentemente no dia-a-dia é o conhecimento pela percepção imediata.

O conhecimento Imediato

Esse modo de abordar a realidade nos é familiar. Nós o utilizamos constantemente: vejo o sol que brilha; onço o barulho do trovão; sinto perfeitamente o móvel contra o qual me choquei; falo ao amigo que vejo, que ouço e que me aperta a mão. Evidentemente não é possível utilizar esse modo de conhecimento no caso de Deus: não o posso ver com meus olhos, ouvir com os meus ouvidos ou tocar com as minhas mãos.

O Conhecimento científico

Há outro modo de conhecimento mais importante, o conhecimento científico, por demonstração, experimentação e verificação. Os astrônomos demonstraram de maneira certa, por cálculo matemático e verificação experimental, que não é o sol que gira em torno da terra; na realidade, é a terra que gira sobre si mesma, dando a impressão de que o sol gira em torno dela.

O conhecimento de Deus também não é possível pelo método científico: não se pode "provar" a existência de Deus como se prova que a terra gira sobre si mesma, o sangue circula no corpo e tal doença foi provocada por um vírus.

E se houver outros modos de conhecimentos?

A respeito da existência de Deus, será que podemos apenas apostar, ou jogar cara ou coroa? Ou estamos condenados a nos esconder por trás de uma crença ou descrença epidérmica e sentimental, só porque nos convém acreditar ou não acreditar em Deus?

Certamente não, porque existe ainda outro tipo de conhecimento, também muito importante: o conhecimento por sinais, que utilizamos cem cessar diariamente. Por que não utilizá-lo também a propósito de Deus?

O conhecimento por sinais

O sinal é uma realidade que eu percebo e que me sugere outra realidade. O presente que recebo no dia de meu aniversário é um sinal de amizade ou de amor da pessoa que o oferece. Ouço baterem à porta: adivinho imediatamente que alguém, atrás dela, me procura. Se vejo alguém chorar, compreendo logo que essa pessoa está sofrendo... a menos que se trate de um choro de alegria, que posso igualmente interpretar. Do mesmo modo, se um amigo se aproxima com um sorriso radioso, tenho toda razão para supor que ele está feliz.

São muitos os sinais que nos são enviados e que enviamos todo dia àqueles que nos cercam. Os sinais mostram, de modo particular, que os outros têm por nós afeição, amizade, amor, e que nós também podemos utilizá-los para lhes "significar" nossa afeição, nossa amizade, nosso amor. Assim, no limite, podemos dizer que só conhecemos verdadeiramente uma pessoa através dos sinais que ela nos faz.

Os sinais de Deus

Por que não aconteceria a mesma coisa em relação a Deus? Se verdadeiramente ele nos ama, porque não nos faria saber disso por meio de sinais?

Na verdade, os "sinais" de Deus são numerosos e diversos. Tentemos descobri-los. Sem esquecer que eles não "falam" igualmente para todos e que é necessário estar atento e realmente em busca da verdade para reconhecê-los e aceitá-los como "sinais de Deus".

A ausência de Deus

Deus, ninguém jamais
o viu, tanto melhor ... senão
o crente ... não teria mais
nada a descobrir; essa
ausência funda sua liberdade,
responsabilidade e alegria.
Sem essa ausência,
ele não teria história possível,
nem evolução, nem escolha
verdadeira. Para que os
homens possam tornar-se
atores de seu futuro,
é necessário estarem livres de
toda presença que se impõe...
A fé não pode ser jamais
repouso, convite ao sono ou
droga mais ou menos doce;
ela é busca, iniciativa,
aventura: "Vai, parte para a
terra que eu te indicarei".
Esse é, para sempre, o apelo
dirigido a Abraão,
o pai dos crentes.

Alain Patin

Pode-se provar que Deus existe?

D eus nã está nem ao fim de um raciocínio nem ao termo de uma experiência de laboratório. Sua existência não é denonstrável, assim como sua inexistência. É uma evidência, uma vez que, se fosse realmente possível demonstrar uma ou outra dessas hipóteses, há muito o problema estaria resolvido... o que está manifestamente longe de ser o caso!

Acreditar ou não em Deus não prova que alguém seja mais inteligente ou mais estúpido que outro, no plano da pura razão. Hoje como ontem, entre as pessoas menos cultivadas e entre os espíritos mais brilhantes e mais penetrantes, há crentes e descrentes. Salvo exceções de que ninguém pode ser juiz, não se pode acusar uns ou outros de má fé, e, se todos os ateus fossem inteligentes e todos os crentes imbecis, ou o contrário, já se saberia. Que é que isso prova? Que os argumentos invocados para provar a existência ou a não-existência de Deus estão longe de provar qualquer coisa.

Deus não é demonstrável

Quando se fala em "provas" da existência de Deus, tem-se

freqüentemente tendência a imaginar provas de tipo científico, isto é, que concluem e provam de maneira certa e irrefutável.

Tomemos um exemplo. Os astrônomos e os astrofísicos demonstraram e provaram que a terra é como um minúsculo grão de poeira perdido numa gigantesca galáxia, ela mesma afogada em meio a um bom meio; milhão de outras galáxias também gigantescas. Eles têm, absoluta certeza porque puderam verificar, matemática e experimentalmente, graças aos poderosos telescópios e radiotelescópios de que dispõem.

Ora, Deus não é da mesma natureza que a realidade sensivel que nos cerca. Não se pode empregar, para conhecê-lo, os mesmos meios utilizados para estudar nosso próprio universo.Não se pode vê-lo, nem falar-lhe. Ao contrário do cientista, que pode provar o que diz, não podemos verificar concreta nem experimentalmente o que se diz quando se afirma que Deus existe, ... ou não existe.

Alguns caminhos para Deus

Tratando-se da existência de Deus, praticamente todos os filósofos e teólogos cristãos concordam que a palavra "prova", sobretudo em nosso mundo cada vez mais marcado pelo rigor e pela precisão de ordem cientifica, não é satisfatória. Muitos preferem falar, como Sto. Tomás de Aquino, em "vias para Deus", ou ainda, para retomar uma fórmula muito sugestiva de um teólogo contemporaneo, W. Kasper, em "convites argumentados para a fé".

Esses "convites" são sinais muito preciosos para o crente porque, se a fé não se encontra ao fim de um raciocínio bem constroido "eles"permitem compreender melhor o que se crê e assim justificar a fé a si mesmo e aos outros.

Vejamos agora alguns desses "sinais"que podem eventualmente conduzir a Deus.

Ninguém é capaz de fornecer uma prova matemática de Deus. O próprio crente é incapaz de fazê-lo para seu próprio uso.

Cardeal Ratzinger

Chega-se a Deus não por um modo exterior — por prova, argumentação e conclusão — mas por um modo interior, pela experiência e pela verificação dessa experiência. Um homem não se apaixona por uma mulher por reflexão, argumentação e conclusão. Salvo nos casamentos de conveniência! Alguém se torna apaixonado pelo encontro e pela experiência, por uma exultação interior. Depois, do interior dessa experiência, é que se apela à razão para verificar, autenticar e pôr em ordem esse amor... Assim acontece com Deus. Ele não é um objeto de conhecimento entre tantos outros, ao qual acabamos por nos reunir ou nos afastar, ao longo de um caminho racional. Deus não é a América de Cristóvão Colombo! ... Deus só pode ser conhecido quando reconhecido: o homem torna--se crente ao acolher, verificar e organizar sua experiência.

François Varone

De onde vem nosso universo?

Nosso universo, caja complexidade a ciência mostra a cada dia, é prodigloso e maravilhoso. Não seria ele, para nós, o primeiro dos "sinais de Deus"?

"Há mais sabedoria na natureza que nos livros", dizia São Bernardo. Sem desmerecer os últimos, é importante não esquecer a natureza e suas maravilhas. Os "sinais" que se encontram nela são, com efeito, muito preciosos.

O infinitamente grande

Nosso sol é muito maior que a Terra. Se ele tivesse a forma de uma laranja, a Terra seria um grão de areia situado a uns dez metros, e o maior planeta do sistema solar, Júpiter, um caroço de uva distante uns sessenta metros da laranja! O próprio sol, apesar de sua massa enorme, não é mais que uma pequena estrela perdida nurna gigantesca galáxia, uma minúscula pedra numa auto-estrada.

Nossa galáxia, da qual o sistema solar faz parte, a "Via Láctea", compreende uma boa centena de bilhões de estrelas. Seu diametro é de aproximadarnente cem mil anos-luz [1].

Continuando a comparação com as laranjas representando as estrelas, nossa galáxIa seria

1 Um ano-luz é a distância que a luz percorre em um ano à fabulosa velocidade de trezentos mil quilômetros por segundo.

constituída por um bilhão de laranJas esparramadas por 35 milhões de quilômetros, sendo a distancia entre essas laranjas uma média de quatro mil qullômetros.

Nossa galáxia está perdida entre meio bilhão de outras galáxias igualmente gigantescas, senao maiores, as quais se afastam umas das outras a velocidades inimagináveis, da ordem de duzentos e trinta mil quilômetros por segundo. Tudo isso ultrapassa a imaginação e o entedimento. De onde vem esse universo imenso e em contínua expansão?

O infinitamente pequeno

No outro extremo, descobre-se um universo igualmente prodigioso. Todos os corpos materiais do universo são constituídos por certo número de corpos simples. Estes, num total de noventa e dois, são formados por átomos tão incrivelmente pequenos que, num grão de sal, eles são um bilhão de bilhões!

A estrutura desses átomos é comparável à dos sistemas solares. Em volta do núcleo central gravitam, a uma velocidade de duzentos e noventa e sete mil quilômetros por segundo, certo número de elétrons, cujo diâmetro e da ordern de um bilionésimo de bilionésirno de milímetro.

Os elétrons, que gravitam em torno do núcleo como os planetas em torno do sol, podem fazer quinhentos trilhões de voltas por segundo, mais do que os segundos que passaram desde dois mil anos.

As leis e as maravilhas da natureza

Essa realidade não só existe, como tem leis que a análise científica descobre. Leis extremamente precisas e rigorosas. De onde vêm as leis da matéria e da vida?

"O mais incompreensível é que o universo seja compreensível", observava o fisico Louis de Broglie, enquanto outro fisico igualmente célebre, Einstein, afirmava: "Minha religião consiste em uma humilde admiração por esse Espirito superior e sem limites que se revela nos minimos detalhes que podemos perceber com nossos espiritos fracos e frágeis".

Se olharmos à nossa volta, como não nos maravilhar ante a natureza? ...

Como não nos pôr esta questão: por quê?

Por que as maravilhas do

universo? Por que tanta beleza? Por que essa formidável riqueza, do infinitamente grande ao infinitamente pequeno?

Acaso?

A prodigiosa riqueza da vida, com suas maravilhas e imperfeições também, parece ser fruto tanto de um pensamento diretivo corno de um jogo cego. Que acontece? Estaremos diante de um gigantesco desdobramento devido ao acaso? O biólogo Jacques Monod diz, exprimindo-se como filósofo: "O homem sabe enfim que está só na imensidade, indiferente do universo, de onde emergiu por acaso".

Pode ser ... mas diante da complexidade estranha da realidade, essa solução parece cada vez mais discutida pelos próprios cientistas. Um fisico contemporâneo, Alfred Kastler, afirma categoricamente: "Considero um absurdo pensar que o universo se fez por acaso".

Na mesma direção de Kastler, outro cientista, J. Carles, diretor do Centre National de la Recherche Scientifique, faz a seguinte comparação: "Um automóvel passa pela estrada: admitirei facilmente que ele possa conservar a rota, por acaso,por uns dez metros, sem que ninguém esteja ao volante. Admitirei mesmo essa ausência do condutor por mais dez metros, cem metros, até. Mas se o automóvel veio de Paris a Toulouse sem se desviar, só posso acreditar na presença de um condutor". Sim, diante das maravilhas da natureza, parece bem difícil admitir que tudo isso se tenha feito por "puro acaso".

Outro grande sábio, o biólogo Jean Rostand, também descrente, como Monod, acha a explicação pelo acaso totalmente insuficiente e afirma: "É necessário encontrar outra coisa".

É, aliás, por essa razão que Jean Rostand, inclinando-se para o ateismo, permanece perplexo e indeciso, como mostra esta confidência feita a um de seus amigos, o padre Carré: "Não posso admitir que um 'ser' tenha criado tudo isso, mas, por outro lado, custo a admitir que tudo isso se tenha feito por obra do acaso. Então, fico dividido".

Sinal de Deus?

Esse ponto de vista é bastante representativo da atitude de numerosos cientistas que hoje recusam a hipótese do acaso na aparição e evolução do universo. Eles não hesitam em afirmar, retomando a fórmula de Jean Rostand, de que é preciso encontrar outra explicação, "outra coisa".

Muitos permanecem nesse ponto, recusando-se a explicar o que entendem pela expressão "outra coisa". Outros, porém, vão mais looge e percebem nela "sinais de Deus". Só isso, a seus olhos, explicaria a aparição e o desenvolvimento do universo.

Tal é a posição do historiador Jean Delumeau, que se pergunta se o universo não seria antes o fruto de um ato criador de Deus: "Será que Deus não está no fundo dessa noite? Quem pode estar certo de que não? Que provas temos nós de que a imensidade não tem sentido? A luz do projetor faz adivinhar... A imensidade da região obscura que envolve a zona iluminada... É a ciência, ela mesma, que nos faz melhor compreender a espessura e as dimensões dessa noite da qual somente um pedaço ela ilumina... Para mim, a ciência convida a um voltar-se para a mensagem religiosa... Por que não dar a esse pasmo a continuação lógica que seria pedir à religião um complemento de informação? Ciência e religião, me parece, ajudam-se e tendem uma para a outra".

W. von Braun, físico e especialista em foguetes da NASA, declara também: "Para mim, não preciso 'provar' Deus. Posso dizer que o vejo e que sinto uma certa presença pela única razão de que me parece inconcebível pensar que se possa fazer cálculos e previsões cientificas tão precisos e tão complexos quanto os que acabamos de fazer (para fazer decolar nossos foguetes), se o universo cósmico não estivesse preso as leis precisas e constantes que o pudesse permitir. Não há, que eu saiba, nunca houve leis sem um legislador. Deus é para mim o Legislador supremo".

Ciência e fé: dois domônios diferentes

Mas convém ser prudente. Se a ciência e a religião "tendem" uma para a outra, como diz Jean Delumeau, é importante recordar que o universo e Deus pertencem a dois mundos diferentes. O primeiro é da ordem das realidades fisicas, perceptiveis pelos sentidos e verificáveis pela experiência. O segundo, Deus, é uma realidade espiritual que só pode ser percebida num ato de fé.

A ciência é perfeitamente neutra no que diz respeito a Deus. Jamais ela poderá demonstrar se ele existe ou não. Eis por que pode-se admirar as maravilhas da natureza sem, por isso, admitir a existência de um "ser superior". Do mesmo modo como se pode ver nela "a mão de Deus".

Se voltei à fé, foi pela ciência...
Se o universo é compreensível,
é porque ele é ordenado. O
caos não é compreensivel. Mas
de onde vem essa ordem do
universo?... Nós vivemos em
um mundo ordenado... Quem
diz ordem diz inteligência
ordenadora.

Pierre-Paul Grassé

Interroguei a terra e ela me
respondeu: ""Eu não sou
o teu Deus".
Tudo que vive na superfície
da terra me deu
a mesma resposta.
Interroguei o mar e seus
habitantes e eles me
responderam: "Não somos
o teu Deus, procura mais
acima".
Interroguei o vento, e ele me
respondeu: "Eu não sou o teu
Deus". Interroguei o
céu, o sol, a lua, as estrelas.
Todos me responderam:
"Não somos o Deus que
procuras".
Então eu lhes pedi: "Já que
não sois o meu Deus, falai-me
de meu Deus, dizei-me
alguma coisa sobre ele".
E todos me responderam, com
sua voz poderosa: "Foi ele que
nos criou". Para os
interrogar, eu precisava so-
mente contemplar, e sua
resposta era sua beleza.

Santo Agostinho

O DEUS DA VIDA
Gustavo Gutiérrez
Formato: 14 x 21
239 páginas
Edições Loyola
Tel.: (011) 914-1922
São Paulo
1990
(Ver pág.112)

Deus Liberta, é Vida

GUSTAVO GUTIÉRREZ

A opressão, em qualquer de suas formas, significa morte. Esta é a experiência do povo judeu no Egito, país que passou a ser o símbolo do despojo e da exploração e principalmente do pecado, causa última da injustiça. Em oposição a ela se encontra a vivência do Êxodo: libertar é dar vida. Deus liberta porque é o Deus da vida. O anúncio messiânico de Jesus centra-se igualmente na libertacão. Conseqüentemente o tema perpassa toda a Bíblia e nos revela um Deus que ama a vida, essa é sua vontade para todos. Crer em Javé, o Deus que liberta; afirmar que Jesus, "o autor da vida" (At 3,15) é o Filho de Deus implica ser amigo da vida.

1. Com braço estendido

Deus age na história libertando seu povo. Por isso a experiência e a perspectiva libertadoras constituem um elemento central na Escritura.

Êxodo: ato fundacional

Deus se revela nas suas obras. E sabemos bem que o Êxodo é o acontecimento no qual se baseia a fé do povo judeu; ela surge da experiência histórica da ação de Javé na libertação da opressão egípcia e da marcha rumo à posse coletiva da terra prometida.[1]

"Disse-lhe Javé: 'Eu vi, eu vi a aflição do meu povo no Egito, ouvi o seu clamor por causa dos seus opressores, tomei conhecimento das suas angústias. E eu desci para livrá-lo das mãos dos egípcios e para fazê-lo subir desse país para uma terra boa e espaçosa, para uma terra que mana leite e mel, o país dos cananeus, dos hititas, dos amorreus, dos ferezeus, dos heveus e dos jebuseus. É que o clamor dos filhos de Israel chegou até mim. Eu vi a opressão com que os egípcios os oprimem. E agora vai, pois eu te envio a Faraó, a fim de que tires do Egito o meu povo, os filhos de Israel." (Ex 3,7-10).

É este o ato fundacional da fé de Israel. Trata-se da vivência de um povo. Nela Javé se revela como libertador, através de um gesto que acompanha e dá sentido a todo o itinerário que leva seu povo ao encontro com ele. Por isso libertação e culto ao Senhor estão estreitamente ligados. Javé diz repetidamente a Moisés: "Vai à presença do Faraó e fala-lhe: assim fala o Senhor, Deus dos hebreus: deixa sair o meu povo a fim de que me renda culto." (Ex 9,1, a mesma idéia em Ex 16,16 e 17,13). Não se rende verdadeiro culto a Deus se não se está em situação de liberdade. A libertação, por sua vez, chega à plenitude na oração dirigida a Javé, o Deus da vida. Este vínculo constitui o núcleo de toda experiência religiosa.

Por isso a fé se exprime nos chamados "credos históricos". Referimo-nos às profissões da fé em Javé — no Deus da Aliança — que se formulam relatando e dando conta do sentido de um processo histórico concreto. Recordemos um desses credos históricos, confessado ao se "fazer memória" da posse e cultivo da terra prometida e, posteriormente, ao se oferecer a Deus uma cesta contendo as primícias dos produtos da terra. Estamos pois, é importante frisá-lo, num contexto de culto.

"O sacerdote receberá o cesto da tua rnão e depositá-lo-á diante do altar de Javé, teu Deus. E tomando a palavra dirás diante de Javé, teu Deus: 'Meu pai era um arameu errante; ele desceu ao Egito, com poucas pessoas, e ali viveu como estrangeiro; tornou-se ali uma nação grande, forte e numerosa. Os egípcios nos rnaltrataram, nos afligiram e nos impuserarn uma dura servidão. Então clamamos a Javé, o Deus de nossos pais, e Javé ouviu a nossa voz e viu nossa aflição, nosso trabalho e nossa opressão. E Javé nos tirou do Egito, com mão poderosa e braço estendido, com grande terror, com sinais e prodígios. Conduziu-nos a este lugar e nos deu esta terra que mana leite e mel." (Dt 26,4-9).

Memória simples e profunda de um vir-a-ser histórico prenhe de conseqüências. O texto relembra poeticamente a origem pobre, insignificante ("um arameu errante") do povo de Israel, que, embora cresça como "nacão grande, forte e numerosa", vive subjugado e empobrecido no Egito. Clama por Javé, chamando-o ao mesmo tempo de "Deus de nossos pais", que os escuta e liberta da miséria e opressão. Não cabe aqui fazer um comentário detalhado do texto. Lembremo-nos apenas de que para expressar a sua fé o povo judeu relata a intervenção de Deus em uma história, concretamente a história da libertação do jugo do Faraó, mas com a clara intenção de iluminar a partir dela toda a sua história como povo.

São muitos os textos da Bíblia semelhantes ao que citamos. Recordemos apenas dois:

"E era também eu que vos tinha feito sair da terra do Egito, e conduzido pelo deserto durante quarenta anos, para vos fazer tomar posse da terra dos amorreus!" (Am 2,10).

"Assim fala Javé: como o pastor salva das garras do leão duas patas ou um pedaço de orelha, assim é que serão salvos os filhos de Israel instalados em Samaria num cantinho de cama ou sobre um divã de Damasco." (Am 3,12).

A memória é o lugar da fé e, conseqüentemente, nela se dá uma relação com o presente. Por isso o Deuteronômio nos apresenta uma incisiva meditação sobre os feitos libertadores que o livro do Êxodo nos refere, com a clara preocupação de fazer ver as suas exigências no aqui e agora do povo judeu. Outro texto representativo desses "credos históricos" o diz bem.

"Quando o teu filho, amanhã, te perguntar 'Que vêm a ser estas instruções, estas leis e estes preceitos, que Javé, nosso Deus, vos ordenou?' Responderás a teu filho: 'Nós érarnos escravos de Faraó, no Egito, e Javé nos tirou do Egito, com mão poderosa. Javé operou, sob os nossos olhos, sinais e prodígios grandes e terríveis contra o Egito, contra o Faraó e contra toda a sua casa; e nos tirou de lá, para nos introduzir no país que havia prometido, sob juramento, dar a nossos pais. Javé nos ordenou praticar todas essas leis e temer a Javé, nosso Deus, para que sempre sejamos felizes e ele nos conserve a vida como o faz. E esta será a nossa justiça: estarmos atentos em observar todos estes mandamentos, na presença de Javé, nosso Deus, como ele nos ordenou." (Dt 6,20-25).

A ação de Deus requer que se ponham em prática seus mandamentos. Trata-se de um comportamento no hoje da vida do povo. A exigência de atualização da Aliança é uma nota típica da teologia do Deuteronômio.

"Guarda-te de esquecer Javé, teu Deus, não observando seus mandamentos, suas leis e seus estatutos que hoje te ordeno (...).

Lembra-te de Javé teu Deus, pois ele é quem te dá a força para adquirir essas riquezas, a fim de manter a aliança que jurou aos teus pais, como hoje se vê (...). Mas se te esqueceres de Javé, teu Deus, e servires a outros deuses, e te prostrares diante deles, atesto hoje contra vós que perecereis." (Dt 8,11.18-19).

Nesse contexto o Deuteronômio nos lembra a importância de nossa própria decisão. Deus não impõe a sua Aliança; ela é um dom, e portanto exige uma opção. Uma opção pela vida. Esta exigência ocupa um lugar de destaque num texto central: o "testamento" que Moisés, impedido de entrar na terra prometida, deixa a seu povo. Ali estão — conferindo solenidade ao momento — os chefes de tribo, conselheiros, magistrados, mulheres, crianças e todos os habitantes de Israel em presença de Javé. Ao povo assim reunido, próximo do Jordão e pouco antes de tomar posse da terra que "mana leite e mel" dirige pela voz do libertador de Israel as palavras que contêm a opção definitiva.

"Vê, eu te proponho hoje a vda e a felicidade, ou a morte e desgraça (...) Tomo hoje como tstemunhas contra vós o céu e a terra: eu vos propus a vida e a morte, bênção e a maldição. Escolhe a vida, para que vivas, tu e a tua posteridade, amando a Javé, teu Deus, escutando a sua voz e apegando-te a ele. Porque essa é a tua vida com os longos dias que terás, morando na terra que Javé jurou a teus pais, Abraão, Isaac e Jacó, que haveria de lhes dar." (Dt 30,15.19-20).

O texto nos situa claramente em face da disjuntiva vida ou morte, dois caminhos que também hoje se abrem diante dos nossos olhos, exigindo uma decisão. Lembra-nos também da admoestação de Deus para que escolhamos a vida "apegando-nos a ele", como se diz com uma expressão carregada de ternura. Optar pela vida é escolher a Deus, pegar-se a Ele como uma criança com seus pais, fonte e proteção de sua vida. O caminho do amor é o caminho da bênção, da vida. As últimas palavras de Moisés a seu povo confirmam essa perspectiva.

"Aplicai vosso coração a todas as palavras desta Lei que testemunho hoje contra vós, para as prescreverdes aos vossos filhos, a fim de que as guardem e cumpram, porque não é uma palavra vazia para vós, mas é a vossa vida, e por esta palavra é que prolongareis os vossos dias sobre a terra, da qual ides tomar posse, passando o Jordão." (Dt 32,46-47).

A lei, a Torá, deve ser posta em prática, ela é vida porque é caminho para Deus.

O programa do Messias

"Deus da vida", diz o Antigo Testamento. Esse é tambem o conteúdo do anúncio de Jesus Cristo. No seu evangelho, João enfatiza que "Deus amou tanto o mundo que lhe deu seu Filho único, para que todo o que nele crê não pereça, mas tenha a vida eterna."(Jo 3,16). Mais ainda: Jesus se revela a si mesmo como sendo "o caminho, a verdade e a vida"(Jo 14,6). O tema da vida é capital no relato de João e em todo o Novo Testamento. Jesus faz da vida o centro do seu anúncio.

Numa passagem do evangelho de Lucas, que nos é muito familiar (4,16-20), Jesus, servindo-se de textos do profeta Isaías (61,1-2 e 56,6) declara publicamente o seu programa. Trata-se de um texto que desempenha no evangelho de Lucas uma funcão semelhante à do Êxodo no Antigo Testamento. Ambos exprimem o desígnio libertador de Deus.

O Messias apresenta deste modo o conteúdo de sua missão:

"O Espírito do Senhor está sobre mim; porque ele me consagrou com o óleo, para levar a Boa Nova aos pobres; enviou-me para proclamar aos prisioneiros a libertação e aos cegos a recuperação da vista; dar liberdade aos oprimidos, e proclamar o ano de graça do Senhor." (Lc 4,18-19).

Nesta passagem do seu evangelho, Lucas nos apresenta o início do ministério de Jesus. Do mesmo modo que ao narrar o acontecimento de Pentecostes e ao transcrever o primeiro discurso de Pedro, quer indicar que se inicia a tarefa da Igreja (cf. At 2). Nos seus dois livros, Lucas insiste no papel do Espírito no primeiro passo da caminhada tanto de Jesus, como da Igreja, ungidos arautos da Boa-Nova.

Nos textos paralelos ao que comentamos, Marcos (1,14-15) e Mateus (4,12-17) falam do início da pregação do Reino e das suas exigências, mas não indicam o conteúdo, como faz Lucas. A referência a Isaías dá-lhe possibilidade de fazê-lo.

"O espírito do Senhor Javé está sobre mim porque Javé me

ungiu. Ele me enviou para anunciar a Boa-Nova aos pobres, para curar os corações contritos, para proclamar aos deportados a libertação, e aos prisioneiros a soltura, para proclamar um ano de graça de Javé, um dia de vingança do nosso Deus, para confortar os aflitos." (Is 61,1-2).

Lucas aproveita a cena da visita a Nazaré, que Mateus e Marcos (13,53-58 e 6,1-6) também narram, para dizer em que consistirá a obra messiânica e se esforça em salientar o seu alcance universal. Ela não se dirige apenas a uma nação entre outras, mas a Aliança será com todos os povos da terra. Essa certamente é a razão que o leva a suprimir na citação de Is 61 a segunda parte do versículo 2, "dia da vingança de nosso Deus", com a sua conotação de castigo para os pagãos. A perspectiva universal reaparece alguns versículos depois com referência a Elias e Eliseu, enviados a pessoas pertencentes a nações gentias (cf. Lc 4,25-27).

As diversas situações humanas enunciadas (pobreza, prisão, cegueira, opressão) aparecem como expressões de morte. O anúncio de Jesus, ungido como Messias pela força do Espírito, fará com que ela retroceda, introduzindo um princípio vital que levará a história à sua plenitude. Neste texto programático encontramos portanto a disjuntiva morte-vida, central na revelação bíblica, em face da qual, como víamos antes, exige-se de nós uma opção radical.

Podemos perguntar-nos, no entanto, se se trata de situações que estão num mesmo nível. A resposta parece ser negativa. Com efeito, seguindo a perspicaz análise de J. Dupont de uma passagem próxima à que comentamos — Mt 11,2-3 (cf. 7,18-22) — é possível afirmar que também aqui o tema central é o anúncio da Boa-Nova aos pobres. Além disso, o texto parece acentuar que fundamentalmente para isso é que o Messias foi enviado. Os pobres (em grego, *ptochoi,* a palavra se encontra tambem em Is 61,1) significam claramente em Lucas os desprovidos do necessário para viver (cf. Lc 6,20; 7,22; 14,13-21; 16,10.20; 18,22; 19,8; 21,3). A eles é anunciada a libertação. A Boa-Nova para eles se concretiza, segundo o método do paralelismo sinonímico, nos três enunciados seguintes: libertação aos cativos, visão aos cegos, liberdade aos oprimidos. Em todos esses casos estamos diante de uma proclamação, cuja idéia dominante é a de liberdade.

Este é inclusive o sentido da expressão "a vista aos cegos"; com efeito, o texto hebraico de

Is 61,1 diz literalmente: "Aos encarcerados a abertura dos olhos". A imagem empregada pelo profeta para expressar a saída da escuridão de uma prisão tem um claro sentido de libertação. A versão grega desta passagem, chamada dos Setenta, que Lucas utiliza, apresenta uma tradução figurada. A metáfora do texto original, "abertura dos olhos" é substituída por "dar a vista"e "encarcerados"por "cegos". Assim o grego se distancia da referência à libertação dos que estão na prisão, que se encontra claramente expressa no escrito hebraico. Referindo-nos a este último, restabelecemos o sentido inicial do texto, no qual a expressão "vista aos cegos" deve ser compreendida na linha da libertação.

Lucas também substitui a expressão de Is 61,1: "Curar os corações contritos" por "liberdade aos oprimidos", palavras tomadas de Is 58,6. Com a inclusão desta promessa, que se encontra em outras afirmações do mesmo tipo, Lucas dá ênfase ao enfoque libertador do texto programático do Messias.

"É isto o jejum que me agrada: — oráculo de Javé —: romper as cadeias injustas, desligar os liames do jugo; tornar livres os oprimidos, quebrar todos os jugos." (Is 58,6).

"Oprimidos" traduz um termo que vem do verbo hebraico *rss*, que significa oprimir, com o sentido de machucar, ferir fisicamente. A Boa-Nova que o Messias anuncia aos pobres tem como eixo a libertação. Tal perspectiva é enfatizada pelo "ano de graça" que deve igualmente ser proclamado. No ano jubilar, que se celebra a cada 50 anos, "cada um recuperava sua propriedade" (Lv 25,13), porque, em última instância, Javé é o proprietário da terra (Lv 25,23). Este jubileu tinha um claro sentido libertador: "Declararão santo o ano e proclamarão na terra libertação para todos seus habitantes" (Lv 25,10). Acabando com toda injusta desigualdade, o ano de graça deveria contribuir para o estabelecimento permanente da fraternidade entre os membros do povo judaico e finalmente da comunhão em Deus. O programa das ações do Messias tem, portanto, um nítido significado de vida e libertação.

O Reino de Deus, reino de vida, é a orientação única da história humana, mas a sua presença se inicia agora, partindo da atenção de Jesus pelos mais marginalizados dessa mesma história. Disto dá testemunho o próprio evangelho de Lucas: "Esta escritura que acabais de ouvir se cumpre hoje." (4,21). A palavra hoje — como no Deuteronômio — é a chave da teologia de Lucas (cf. 2,11; 3,22; 5,26); neste texto ela quer significar que a profecia de Isaías, o profeta mais citado nos evangelhos, se está cumprindo agora. É o momento da libertação em Cristo. Por isso na pessoa de Jesus o Reino se torna presente no meio de nós (cf. Lc 17,21). A vida que ele nos traz é, no entanto, rejeitada por muitos. Lucas nos conta que os ouvintes da pregação de Jesus quiseram fazê-lo despencar do topo da montanha (cf 4,28-30). O anúncio do Evangelho da libertação dos pobres não é uma tarefa fácil. Dar a vida pode arrastar para a morte nas mãos dos que por ela optaram. A experiência de numerosos setores da Igreja latino-americana nos últimos anos é eloqüente a esse respeito.

2. O Senhor, amigo da vida

A Bíblia é o livro da vida. De toda a vida, cuja fonte é o amor de Deus. Os que nele acreditam devem ser amigos da vida.

O Deus vivo

A expressão "Deus vivo" é muito freqüente no Antigo Testamento.

"Então Davi se dirigiu aos homens que estavam perto dele: 'Que será feito ao homem que abater este filisteu e tirar o opróbrio de Israel? Pois quem é este filisteu incircunciso para zombar das tropas do Deus vivo?' (1 Sm 17,26).

"Javé, inclina o teu ouvido e escuta; Javé, abre os teus olhos e vê. Ouve as palavras de Senaquerib, que acaba de enviar insultando o Deus vivo!" (2Rs 19,16).

Recordando as ações de Javé em favor do seu povo, os judeus afirmam que o Deus em que crêem vive, é um Deus que ouve, que vê, que conhece, que tem sensibilidade. Ridicularizam por essa razão os deuses estrangeiros:

"Os deuses das nações são ouro e prata, ídolos fabricados pelos homens. Têm boca e não falam, olho e não vêem, ouvidos e não ouvem coisa alguma. Têm nariz, no entanto nada cheiram, mãos e não pegam, pés e não caminham. Iguais a eles são os que os fizeram e os que neles depõem sua fé." (Sl 113B [115], 12-16).

Israel deposita a sua confiança em Javé, um Deus que fala e age e que não é produto do trabalho humano. O Deus de Israel é um Deus vivo. Assim, a Bíblia afirma freqüentemente que Deus não descansa, que está sempre pronto a agir em favor do povo.

"Não o sabes? Não o escutaste? Javé é um Deus eterno que criou os confins da terra. Ele não se cansa nem se fatiga e sua inteligência é insondável." (Is 40,28)

Os profetas dão testemunho do Deus vivo. Segundo Puebla, o sacerdote "somente pode ser profeta na medida em que tiver feito a experiência do Deus vivo" (n. 693). José será, por isso, considerado o perene defensor da vida, em especial da vida dos pobres, que ele libertou da opressão:

"Libertará o pobre que suplica, todo infeliz que não encontra auxílio. Terá pena do fraco e do indigente, e salvará a vida dos humildes." (Sl 72,12-13).

Esta percepção de Deus procede do fato que fundamenta a fé de Israel: a libertação da opressão do Egito. Nela se expressa um desígnio de vida de um Deus que liberta e abençoa constantemente o seu povo.

Esse enfoque sobre Deus se tornou patente na forma de designá-lo: no Antigo Testamento, empregam-se vários termos para isso. Mas, sem dúvida, o mais importante, aquele que caracteriza a religião de Israel, é o famoso tetragrama que o próprio Deus revela a Moisés: YHWH.

"Moisés respondeu a Deus: "Eu vou, então, aos filhos de Israel, para dizer-lhes: 'É o Deus de vossos pais que m envia a vós'. Mas se eles me perguntarem: 'Qual é o seu nome?', que é que vou responder-lhes? Deus disse a Moisés: — 'Eu sou aquele que sou'. E acrescentou: 'Assim dirás aos filhos de Israel: (Aquele que se chama) 'Eu Sou' enviou-me a vós." (Ex 3,13-15).

Este texto faz parte da tradição "javista". A passagem é muito conhecida; basta lembrar que ela se situa no momento em que Moisés recebe e assume a tarefa de libertar o povo judaico da opressão egípcia. O contexto imediato da revelação de Deus, no livro do Êxodo, é, portanto, o encargo de uma missão histórica de libertação. A aproximação de Moisés à questão se realiza na perspectiva do chamado e do envio de Deus, assim como da sua própria resposta a essa responsabilidade. O relato "sacerdotal" faz notar que o que é revelado pelo nome de Javé é algo novo, diferente de outras maneiras de identificar Deus.

Deus disse a Moisés:

"Eu sou Javé. Eu me manifestei a Abraão, a Isaac e a Jacó, como El-XaDaí, mas não me dei a conhecer a eles pelo meu nome de Javé." (Ex 6,2-3).

Os versículos 6,7 e 8 do mesmo capítulo repetem a fórmula "Eu sou Javé", sempre no contexto da tarefa libertadora dada a Moisés.

Isto nos leva ao tema do nome de Deus. Na mentalidade judaica, o nome não é algo acessório.

Com ele não só se designa, mas se significa a pessoa. Na oração do pai-nosso: "Santificado seja teu nome" significa "santificado sejas tu, Pai". Igualmente, quando o Gênesis afirma que Deus mandou Adão dar nome aos animais e coisas da terra, está sugerindo que Deus deu ao homem domínio sobre eles. Longe de propor a Adão um simples exercício de imaginação, a mensagem bíblica nos mostra que Deus, ao conceder-lhe o encargo de dar nome às criaturas, outorgou-lhe também o senhorio sobre todas elas. Portanto, se o nome é a própria pessoa, perguntar "qual o seu nome?" equivale a dizer "quem você é?" Fazendo eco a essa interrogação, Moisés manifesta seu interesse em comunicar a resposta ao povo, cuja libertação o Senhor lhe designa.

Traduzir a palavra Javé desespera os exegetas. A sua análise deu lugar a inúmeras interpretações filológicas e filosóficas. Embora a tradução mais freqüente seja "eu sou o que sou", também se apresentam como possíveis as fórmulas "eu sou o que é" e até "eu sou o que serei", "eu serei o que serei", ou "eu serei o que sou". São matizes interessantes nas quais não cabe deter-nos agora. O importante é perceber que aqui se revela uma nova presença do Deus dos israelitas. A fórmula Javé Elohim (cf. Ex 9,1) emprega no plural (no sentido abstrato de "divindade") o antigo termo EL para designar a Deus, talvez para atribuir a Javé, o Deus da aliança, a plenitude do sentido que se dava a Deus até então.

Destaquemos, porém, um possível significado desta presença de Deus, particularmente interessante para esclarecimento do tema que tratamos. A vida em chave bíblica sempre quer dizer "viver com"; "viver para"; "estar presente aos outros", significa comunhão. A morte é a solidão absoluta. Daí que no tempo de Jesus os leprosos eram considerados mortos. Sará-los era restituí-los à vida não apenas porque fossem curados, mas também porque eram reintegrados à comunidade, ao corpo social. Esta é a razão da ordem de Jesus depois da cura: "Mostra-te ao sacerdote e faze, pela tua purificação, a oferenda que prescreveu Moisés para que lhes sirva de testemunho" (Mc 1,44). É muito provável que o discutido termo Javé se encontre nessa linha e signifique: "Eu sou aquele que está com vocês, eu sou a vida". Trata-se de uma presença ao mesmo tempo criadora e libertadora.

"Eu sou a vida" ("Eu sou o que sou"), isto é Javé. Temos aqui novamente a idéia de origem, de iniciativa de vida. O texto, porém, acrescenta: "Eu sou me envia a vocês". Ser princípio absoluto não significa desinteresse pela história. Pelo contrário, ao revelar o seu nome, que não é um puro conceito, Javé manifesta a sua decisão de participar dela. O ser de Deus está ligado ao decurso histórico. O eterno se faz presente no temporal, o absoluto na história, sem ser, porém, apenas uma presença: é também comunhão, é dom. Os dois textos que nos manifestam o seu nome falam-nos de seu desígnio libertador e de vida: "Decidi tirá-los da opressão egípcia e levá-los (...) a uma terra que mana leite e mel." (Ex 3,17). "Eu sou Javé, tirarei deles os fardos dos egípcios, os libertarei da escravidão, os resgatarei com o braço estendido, fazendo justiça solene" (Ex 6,6). No início está o amor, a comunicação da vida, "libertou-me porque me amava", afirma o salmista com convicção e gratidão." (Sl 18,20).

Deus se revela, ainda, como "Javé Deus dos seus pais". O nome de Deus "para sempre", com que ele mesmo ordena ser invocado "de geração em geração", conjuga inseparavelmente "sou o que sou" e "Senhor Deus de seus pais". Novidade e continuidade. Isto é, o Deus que transcende, mas que está presente na história, é ao mesmo tempo o Deus da tradição. Este duplo aspecto se expressa a partir da missão, concretamente na libertação do povo judaico, que se defronta com o Faraó opressor. Nela, Deus se descobre ele mesmo, o que implica uma evidente e muito concreta referência ao processo histórico do seu povo. "Eu sou" (Javé) princípio absoluto e ativo, origem de tudo, é igualmente o Deus do passado, o Deus dos patriarcas, dos antepassados, daqueles aos quais Moisés agora é enviado.

Poderíamos, portanto, dizer que se "Eu sou" carece de passado por ser absoluto, a fé nele, porém, tem antecedentes. A fé em Deus é sempre histórica, porque a acolhem e a professam pessoas que vivem no tempo em que ele se fez presente. "Eu sou" é princípio de tudo, é Pai; a fé nele tem história. A partir da missão se torna possível compreender quem é Deus. Jesus assumirá essa perspectiva, mas, como sempre, o fará com plena liberdade e criatividade.

Eu sou a vida

Quando no Novo Testamento se chama a Jesus de "o Senhor", se lhe reconhecem todas as implicações que indicamos. Se Senhor traduz o que Javé significa, confessar que Jesus é o Senhor é afirmar que Jesus é Deus. "Eu sou a vida"(cf. Jo 14,6), nos dirá ele próprio numa expressão de raízes veterotestamentárias e de múltiplas ressonâncias.

Outro grande tema joanino, a luz, aplicado a Jesus, tem também o sentido de vida:

"E Jesus falou de novo com eles: 'Eu sou a luz do mundo; quem me segue não caminhará nas trevas, mas terá a luz que conduz à vida." (Jo 8,12).

O texto se situa em relação com a festa das tendas, que celebrava a libertação do Egito. O vínculo entre luz, libertação e vida se encontra também em Isaías:

"Eu, Javé, chamei-te na justiça, tomei-te pela mão, formei-te e te destinei a ser a aliança do povo e a luz das nações, para abrir os olhos dos cegos, para fazer sair os cativos da prisão, e da masmorra os que habitam nas trevas." (Is 42,6-7).

Já encontramos antes esta sinonímia entre escuridão e prisão, por um lado, e luz e libertação, por outro.

Jesus expressa esse desígnio de vida com seus milagres. Eles não são realizados para maravilhar aos que deles se beneficiam ou os espectadores, nem são instrumento de poder pessoal. Os milagres de Jesus são feitos para restaurar a saúde física e social. Ligada a isso está a libertação do pecado, de tudo o que impede de acolher plenamente o dom e a exigência do amor de Deus. Os milagres significam, manifestam o Reino que o Senhor proclama. Por isso o evangelho de Marcos estabelece uma reveladora equivalência entre Reino e vida.

"Se tua mão te levar ao pecado, corta-a. É melhor entrares na vida aleijado do que ir com as duas mãos para a geena, para o fogo que não acaba. Se teu pé te levar ao pecado, corta-o. É melhor entrares na vida manco do que seres lançado com os dois pés na geena. E se teu olho te levar ao pecado, arranca-o. É melhor entrares no Reino de Deus com um olho só, do que ser lançado com os dois olhos na geena." (Mc 9,43-47).

Entrar no Reino e entrar na vida. A ressurreição de Jesus é a confirmação do Pai do dom da vida feito no Filho. Ela significa, se é que podemos nos expressar assim, a morte da morte. Pois se o Senhor está vivo não deve ser procurado entre os mortos (cf. Lc 24,5; também At 1,3). Para Paulo, que fará da ressurreição de Jesus (e também da nossa) a pedra angular da sua mensagem e da sua reflexão, negá-las é desconhecer a Deus (cf. lCor 15,14).

O cristão deve dar testemunho da ressurreição. Porém este testemunho se inicia com uma crise, é o que nos relatam Lucas e João. As mulheres, discípulas de Jesus, vão ao sepulcro e o encontram vazio. O corpo não está lá (Lc 24,4); a primeira reação é de desapontamento: "Não sabemos onde o puseram" (Lc 20,3), depois de tristeza: "Junto ao sepulcro, estava Maria chorando" (Jo 20,11). Avisados pelas mulheres, os discípulos não creram nelas — nunca se acredita em quem é considerado "inferior"; porém eles voltaram para casa "admirados com o que tinha ocorrido"(Lc 24,12). Este vazio, esta ausência, porém, remetem à plenitude da sua presença. O corpo de Jesus não está no sepulcro, porque está vivo. "Por que procurais entre os mortos quem está vivo?"(Lc 24,6), perguntarão os mensageiros do Senhor.

O Deus em que cremos é o Deus da vida. Crer na Ressurreição implica defender a vida dos mais fracos da sociedade. Procurar o Senhor entre os vivos leva a comprometer-se com aqueles que vêem o seu direito à vida permanentemente violentado. Afirmar a ressurreição do Senhor é afirmar a vida contra a morte. A ressurreição para um cristão é Páscoa, passagem. A Páscoa na Bíblia é a passagem da opressão do Egito para a terra da promessa. Celebrá-la significa relembrar o dom da libertação. Neste contexto é que Jesus situou a sua obra. Ela é uma passagem do pecado, da opressão e da morte para a graça, a liberdade e a vida. Não há afirmação da vida sem passagem pela morte, sem confronto com ela. Este é o testemunho que tantos nos deram na América Latina de hoje. A mensagem da ressurreição do Senhor e da nossa juntamente com ele é clara: a vida, e não a morte, é a última palavra da história.

A ressurreição constitui o núcleo da pregação cristã inicial. Os discípulos se apresentam como testemunhas desse acontecimento original. Eles, como diz Pedro na casa de Cornélio, comeram e beberam com Jesus "depois de ressuscitado dos mortos" (At 10,41). A fonte do testemunho se encontra numa experiência que os discípulos tiveram muitas outras vezes com o Mestre, mas que agora adquire um significado especial. Por outro lado, o alimento está precisamente ligado à vida, a experiência do Senhor ressuscitado tem lugar num contexto em que se compartilha com ele uma refeição (comemos e bebemos), o que é próprio de todo ser vivente.

No seu segundo sermão, Pedro se refere a Jesus como o "autor da vida" (3,5) que foi entregue à morte enquanto o "assassino" foi libertado (cf. Lc 23,13-19). O termo grego *archegós,* que é traduzido aqui por autor, pode significar também chefe, condutor. A palavra é usada outras duas vezes em Atos (5,31; 7,35); nestas ocasiões apresenta-se Moisés como aquele que liberta e dá a vida a seu povo, ao tirá-lo da morte injusta no Egito e levá-lo à Terra Prometida.

Em nome de Cristo, Pedro dá vida, saúde ao aleijado que lhe pedia esmola na porta do Templo. "Eu não tenho nem prata nem ouro. Mas o que tenho te dou. Em nome de Jesus Cristo, o Nazareno, põe-te a caminhar!" (At 3,6). Não dinheiro, mas vida. Pouco antes, no seu primeiro sermão, aplica o Sl 16 a Jesus e recorda que ele nos fez "conhecer caminhos de vida" (At 2,28). Isto é, a rota que nos deve conduzir ao autor da vida que nos chama a tomar opções definitivas. "O olhar para o passado — escrevem os bispos chilenos — e os desafios do presente nos fizeram meditar e orar junto ao Senhor de nossa fé. Pensamos reiteradamente qual é a atitude fundamental que Deus Pai nos pede para os anos pastorais que iniciamos. E não temos a menor dúvida de que o Senhor nos chama a fazer uma opção radical e profunda por ele como o Deus da Vida". E depois tiram as conseqüências para a Igreja, que "quer apresentar-se ao mundo e à nossa Pátria, em particular, como um grande sacramento da vida (...). A Igreja, ao pôr-se a serviço da vida, está apenas encarnando a atitude de Jesus."

Deus não fez a morte

Algumas considerações sobre o Livro da Sabedoria serão agora bem pertinentes. Trata-se de um livro tardio, que deve ter sido escrito em Alexandria, em meados do século I a.C. (quase contemporâneo, como o consideram alguns). Estamos, em todo caso, diante do último livro do Antigo Testamento. Os judeus que viviam no Egito, pouco antes, haviam sido perseguidos por Ptolomeu II e se iniciava nesses anos a dominação romana. O autor da Sabedoria se propõe, nessas condições difíceis e de crise, reafirmar a esperança dos fiéis. Para tanto relê — na versão grega dos Setenta — os grandes livros que fazem parte da Bíblia com a intenção de pôr em destaque o fundamental de sua mensagem. Nesta releitura estabelecerão uma forte conexão entre Deus e vida.

As nuvens que se apresentam no horizonte não devem confundir os fiéis. Eles devem saber pensar corretamente sobre Deus. Tal é a declarada intenção deste escrito. Desde o início, o autor afirma: "Amai a justiça, vós que julgais a terra; pensai no Senhor com retidão" (Sb 1,1). Ter presente o Deus da Bíblia implica desejar a justiça. Estamos na mais genuína tradição profética. Com efeito, "Deus é justo e ama a justiça" (Sb 11,7). Amar a Deus leva indubitavelmente a querer o que ele ama, e, portanto, a prática da justiça não é algo que se acrescenta do exterior a nossa amizade com Deus, faz parte do interior de nossa relação com ele. Isto deve ser buscado "com todo o coração". Deus poderia dizer o que afirma uma antiga e popular canção chilena: "Corações partidos, não os quero." É uma questão de integridade pessoal. Não é possível "servir a Deus e às riquezas", dir-nos-á Jesus no evangelho de Mateus (6,24). Não se pode amar a Deus e praticar a injustiça, porque a exploração e o despojo do pobre, assim como a conseqüente rejeição de Deus, significam escolher a morte.

O Livro da Sabedoria traz a esse respeito uma expressão que surpreende à primeira vista: Deus não é o autor da morte: "Não procureis a morte com vossa vida extraviada, não vos proporcioneis a ruína com as obras de vossas mãos; pois Deus não fez a morte nem tem prazer em destruir os viventes." (1,12-13). Diante da situação de perseguição e morte com que os seus leitores se podem defrontar, o autor lembra que a morte não vem de Deus, o que significa que ela não deve ser vista como algo que Deus apóia, ou como algo fatal. Nas nossas mãos está o transformar o momento que vivemos, é responsabilidade nossa inverter o curso dos acontecimentos. Não há lugar para resignações fáceis que querem dissimular, até com justificativas religiosas, a nossa covardia.

Deus "tudo criou para que subsista; são salutares as criaturas do mundo: nelas não há veneno de morte e o Hades não reina sobre a terra." (1,14). O desígnio do Senhor é vida. Não há nas coisas criadas um germe letal que venha um dia a se desenvolver inexoravelmente. As criaturas foram feitas para viver com saúde, a terra existe para alimentar e abrigar os viventes. Quando, na América Latina, nossos irrnãos camponeses reclamam a terra à qual têm direito (humano e histórico), não estão querendo inscrever seus nomes nos registros públicos da nação; o que exigem é poder exercer seu direito à vida. O abismo, o mundo das trevas, não domina, não deve dominar a terra e a vida de que ela é portadora. Por isso, em contrapartida, a Bíblia rejeita o derramamento de sangue, não só do sangue inocente. Este será certamente o mais clamoroso, mas o repúdio se manifesta contra todo atentado à vida de um ser humano.

A importância da vida adquire toda a sua dimensão no tema da terra prometida. Ela é não apenas um lugar no qual os seres humanos encontram o alimento cotidiano; ela é também o espaco da sua liberdade e dignidade pessoal. Isto faz parte também da vida, cujo autor é Deus. De uma terra na qual se deixa de ser estrangeiros e peregrinos para se tornar possuidores no pleno exercício de todos os seus direitos, os homens e as mulheres poderão dirigir a Deus um culto "em espírito e verdade".

O Livro da Sabedoria, depois desta afirmacão da vida, destaca os sinuosos, mas fortes laços que existem entre os ímpios, ou seja, os que praticam a injustiça e a morte. "Porque a justiça é imortal. Mas os ímpios a chamam (a morte) com gestos e com vozes, por ela se consomem, crendo-a sua amiga, fazem o pacto com ela, pois merecem ser de seu partido." (Sb 1,15-16). Declarar imortal a justiça equivale a afirmar que ela faz parte da vida e que vem de Deus. Só quem a pratica pode pensar acertadamente acerca de Deus. É uma idéia importante para o autor, pois nos versículos seguintes novamente sustentará que "a justiça é imortal" (v.15). Os ímpios, pelo contrário são amigos da morte, bradam por ela, fazem sinais que demonstram afeto, matam-se por ela, se é que se pode falar assim. Semeiam a morte por toda parte, violando os direitos dos demais. Sb 2 eselarece em que consiste a impiedade desses amigos da morte. São os que maltratam e exploram o pobre, os que não amam a justiça. O autor põe nos próprios lábios deles a descrição da sua conduta:

"Oprimamos, portanto, o justo pobre, não poupemos, portanto, a viúva, nem respeitemos as cãs do ancião.

Nossa força seja a norma da justiça, pois o fraco é condenado como inútil" (Sb 2,10-1 1).

Não estamos apenas diante de faltas ocasionais, o assunto é mais grave: os que "não conhecem os segredos de Deus" (2,22) estabelecem uma aliança com a morte. É uma espécie de contra-Aliança. A Aliança com Javé, o Deus da vida, faz dos signatários defensores da vida na história. Os que pactuam com a morte, pelo contrário, constituem um partido assassino e tentam fazer com que a morte seja a última palavra da história humana. Como em tantos outros livros bíblicos, aqui também a vida e a morte se opõem. Deve-se escolher, nos diz o Deuteronômio (cf. 30,15). Não podemos evitar que a pergunta: "De que partido somos?" fira os nossos ouvidos. Somos daqueles que participam ativamente ou por omissão das violências que hoje massacram e trituram particularmente os pobres? Somos daqueles que procuram também "com gestos e com vozes", contra ventos e trovões, dar testemunho de vida, mesmo à custa da própria existência?

Nessa ótica, o capítulo 11 do Livro da Sabedoria é particularmente significativo. O contexto imediato é uma reflexão sobre Ex 7,25-8,11; ali se fala da ação libertadora de Javé que tira seu povo da circunstância de opressão e morte que amargava no Egito. A Sabedoria lê assim este desígnio de vida da parte de Deus: "Pois sempre tens à disposição magnífico poder, quem resistirá à força do teu braço? O mundo inteiro diante de ti é grão de pó na balança, gota de orvalho matinal sobre o chão" (Sb 11,21-22). Trata-se de uma meditação sobre o desígnio e a força libertadores de Javé, que tirou seu povo da escravidão para conduzi-lo à liberdade e à terra que "mana leite e mel". No reconhecimento da grandeza de Deus está o começo de todo relacionamento com ele.

"Tens compaixão de todos porque tu és onipotente e fazes vista grossa aos pecados dos homens, para que se arrependam." (Sb 11,23). A onipotência de Deus não é motivo de terror ou insegurança para o fiel, é ao contrário, a causa da compaixão divina. A proximidade de Deus das suas criaturas faz compreender melhor o sentido do seu poder. Ele quer que todos se convertam, que tomem o caminho da vida, inclusive os ímpios, os amigos da morte de que falamos acima. Por isso não presta atenção às nossas faltas, seu desígnio de amor não tem limites. Força compassiva, compaixão poderosa, assim é Javé.

Tudo começa com o amor de Deus: "Sim, amas todos os seres e não sentes aversão por nada do que fizeste; pois se o tivesses odiado, não o terias feito. E como subsistiria uma coisa se não a quisesses? Como existiria se não a tivesses chamado?" (11,24-25). A própria criação é expressão, a primeira, do amor de Deus. Amor livre e gratuito que o Senhor assenta na raiz de toda existência. Numa perspectiva filosófica, concebemos, por vezes, a criação como um gesto feito de uma vez por todas. Algo como empuxo de um primeiro motor que põe em marcha uma cadeia de motores dos quais logo se esquece. Na Bíblia, no entanto, a ação criadora de Deus é apresentada como algo penmanente. Por assim dizer, o Senhor cria todos os dias porque todos os dias ama, não rejeita nada do que fez, ele mantém o criado na existência. O seu amor a tudo envolve.

Falhar com Deus é converter-se, pelo menos por um momento, em partidário da morte, é ter clamado por ela. Essa atitude nos distancia de Deus. A sua misericórdia, porém, está sempre lá, acolhedora, disposta a refazer o caminho que nos conduz ao Reino: "A todos perdoas, porque são teus, Senhor, amigo da vida." (11,26). O amor de Deus é universal, ninguém está excluído do seu perdão, porque perdoar é dar a vida. "Senhor, amigo da vida." Esta bela e profunda maneira de designar a Deus resume a mensagem da Sabedoria, assim como a exigência que apresenta a todo homem de fé. Crer em Deus é ser, como ele, amigo da vida, em oposição aos companheiros da rota da morte, a quem antes nos referimos. Como diz o Livro dos Provérbios: "O temor de Javé é fonte de vida para evitar os laços da morte." (Pr 14,27).

Algumas palavras para concluir este capítulo. A libertação é desígnio de vida. O gesto libertador se faz contra a opressão, a servidão e a morte. Na raiz desta situação se acha o rompimento da amizade com Deus e com os demais, o pecado. Daí o caráter medular da libertação do pecado, que nos leva a uma nova comunhão com o Senhor e com os outros. A libertação expressa um desígnio de vida. Por isso, é libertando que Deus se revela como um Deus libertador, um Deus vivo, o amigo da vida.

Ser cristão é ser amigo do autor da vida, de Jesus, o Cristo.

FILOSOFIA DA RELIGIÃO
Fulton J. Sheen
Formato: 16 x 23
350 páginas
Editora Agir
Tel.: (021) 221-6424
1960
(Ver pág.113)

Imanência de Deus

FULTON J. SHEEN

Deus não é apenas transcendente ao mundo, mas também a ele imanente. Em acréscimo aos argumentos precedentes a favor da transcendência, pode também ser dito que a criação implica em transcendência porque a criação fez do universo um efeito da atividade criadora de Deus. Mas, todo efeito deve diferenciar-se de sua causa, porque nenhuma causa pode comunicar sua identidade. Ainda que assim fosse, o efeito ainda seria diferente da causa, pela simples razão de que o efeito seria uma cópia, enquanto que a causa não seria. Já que o efeito não se iguala de maneira total à causa, haverá então alguma dissimilitude. O calor do sol é possuído por objetos na Terra, mas não da mesma forma pela qual o sol o possui.

Mas, ao mesmo tempo, todo ser atua de acordo com sua natureza. Por isso, alguma coisa semelhante à causa deverá ser encontrada no efeito. Deverá haver algo parecido com Deus na criação, mas também algo diferente. Em todo efeito há alguma coisa em que se assemelha à causa, e alguma coisa em que difere. Na estátua há a idéia do artista, reproduzida no mármore. Mas há algo que o artista não deu; o mármore. Na criação acontece o mesmo. O mundo, feito do nada, sempre guardará consigo a marca de sua origem. Assim, o universo será semelhante a Deus, visto que possui similitude de ser.

A mente humana, porém,

não se satisfaz com o simples conhecimento de que Deus criou este universo. A legítima curiosidade da mente empenha-se em aprender exatamente quais as relações que Deus mantém com sua obra-prima. Será Ele apenas o arquiteto que desenha o edifício, mas que não é necessário para a sua existência continuada? Ou, se não está desinteressado de sua obra, depois de produzida, estará ele transformado em sua própria criação, assim como a água se transforma em vapor? Eis que surge a questão: Como está Deus presente no universo que Ele mesmo criou? Uma coisa é dizer-se que Deus criou o mundo, e outra, inteiramente diversa, é inquirir sobre a relação que existe entre sua obra e Ele próprio.

Há muitas respostas ao problema. Como todas as respostas filosóficas, podem ser reduzidas a três: os dois extremos e o meio. As soluções extremas são o deísmo e o panteísmo. O meio-termo é a imanência. O deísmo ensina que Deus está afastado do universo, e é, assim, inteiramente transcendente. O panteísmo ensina que Deus está inteiramente identificado com o universo e, por isso mesmo, é totalmente imanente. A doutrina tradicional da imanência é aquela em que Deus é tanto imanente quanto transcendente ou, como diz um antigo hino latino:

Intra cuncta, nec Inclusus;
Extra cuncta, nec exclusus.

Deus está no universo, mas não limitado por ele; Deus está fora do universo, mas não excluído dele.

O erro fundamental do deísmo é a suposição de que a causa, e particularmente a Suprema Causa, está desinteressada do produto de sua ação como causa. Aliás, a única razão pela qual qualquer causa atua é a bondade. Se não fosse por causa da bondade do objetivo, nenhuma causa agiria. E uma vez agindo, jamais poderá ser indiferente àquilo que fez. Por isto, Deus nunca poderia esquecer que Ele criou o mundo. Fruto do amor, o mundo será sempre amado. Eis por que o deísmo é impossível.

Deísmo implica em que a Causa, que é Deus-Bondade, pode estar desinteressada na bondade. O panteísmo, por outro lado, fez impossível o amor do Deus-Bondade, identificando-o com o mundo. Amor implica diversidade, ou distinção. Se Deus não é distinto do mundo, então amar a Deus significa amar ao mundo, ou, pior ainda, o mundo amar a si próprio. Desaparecendo a possibilidade de amor, a moralidade também tem que desaparecer. Um Deus que é a totalidade do universo não pode ser ético. Não é bom, nem mau, porque no Tudo, que é Deus, há tanto o mal quanto o bem. Fazer Deus orgânico com o universo, a evoluir com ele, não resolve as dificuldades. Este subterfúgio relembra uma das observações de Carlyle, segundo a qual a criação do universo, com Deus a ele identificado, suscita pergunta idêntica àquela que fez um dos Georges, sobre a confecção de um pudim: "Como entraram as maçãs?" Recorrer ao espaço-tempo como a matéria-prima de Deus e do universo faz lembrar os dois marinheiros náufragos em uma ilha e que se mantinham lavando um a roupa do outro.

A verdadeira solução está no meio desses dois extremos, que situam Deus inteiramente fora ou inteiramente dentro do universo. Deus é imanente ao mundo, mas também a ele transcendente. Há três modos pelos quais Deus pode ser imanente ao universo:

Substancialmente: Sua própria substância seria una com o mundo e parte de sua essência, assim como o hidrogênio e o oxigênio são os constituintes da água. É o panteísmo.

Pessoalmente, pela união hipostática, na qual a natureza de Deus e a natureza do homem estariam unidas na unidade da Pessoa de Deus. Tal é a Encarnação de Nosso Senhor e Salvador Jesus Cristo. Isto é a imanência apenas no sentido lato do termo e é problema não de filosofia, mas de teologia.

Casualmente, em virtude do Seu Ato Criador através do qual Deus trouxe o mundo ao ser e pelo qual Ele permanece como Fundamento Onipresente de toda existência e atividade finita. Esta é a verdadeira noção da imanência de Deus.

A discussão da imanência de Deus aceita como provada a existência de Deus, mas dá um passo adiante, não contente de saber simplesmente que Deus é o Criador do Universo, mas querendo antes aprender se, ao criá-lo, Ele deixou no mundo impressões de Si Próprio e de Sua Arte. Alguns artesões produzem coisas, mas nunca deixam nelas o selo de sua personalidade. E será isso verdade no que se refere a Deus? Outros homens ou, mais particularmente, os artistas, que realmente "põem a si mesmos dentro de suas obras", tornam-se tão imanentes nelas que, por exemplo, os quadros de pintores como Rembrandt ou Murilo podem ser identificados a um simples relance. Tais artistas vivem nas obras artísticas que saem de suas mãos. Terá o Artista Divino se tornado presente em obra de maneira tão imanente?

A resposta a esta pergunta pode ser encontrada no estudo da causalidade com que Deus criou o universo. O universo é feito de infinita variedade de coisas, desde grãos de mostarda até montanhas, desde a informe ameba até o homem, desde os planetas até as flores, e, no entanto, de toda e qualquer dessas coisas pode dizer-se que *é*. Por mais diferentes e contrárias que sejam, todas elas participam do ser. O ser, portanto, é o único efeito do Divino Ato Criador ao qual, em última instância, tudo é redutível. São Tomás, falando do universo, diz que ele é inteligível em virtude de três causas:

1. A Causa Formal, que responde à pergunta: "De acordo com que plano foi o mundo criado?"

2. A Causa Final, que responde à pergunta: "Por que foi ele criado?"

3. A Causa Eficiente, que responde à pergunta: "Quem o Criou?"

Isso quer dizer que, para que o universo podesse existir, três causas tiveram de cooperar:

1. *Scientia ut dirigens,* ou a Causa Formal, que planejou o trabalho;

2. *Voluntas ut imperans,* ou a Causa Final, que o comandou;

3. *Potentia ut exequens,* ou a Causa Eficiente, que o executou.

Não devemos pensar, porém, que as três causas representem três naturezas distintas e absolutamente separadas. Estas causas preexistem em uma única substância, pois uma única substância é o fundamento de toda causalidade. Elas procedem da mesma substância, são três relações diferentes. A causa formal é o intelecto da substância, onde é gerada a idéia. A causa final é a vontade da substância, de onde se segue o fim, ou o propósito. A causa eficiente é a força da substância, de onde procede a ação. Antes de um escultor poder produzir a estátua, três condições têm de ser preenchidas. Em primeiro lugar, há de haver alguma idéia, ou modelo, de acordo com o qual deva ser talhado o mármore. Em segundo lugar, o artista tem de desejar reproduzir o modelo, isto é, ele tem que amar a idéia que concebeu. Em terceiro lugar, tem que ter a capacidade de realizar seu ideal e de satisfazer seu desejo, isto é, tem que possuir força de execução. Deixe-se de lado uma destas três condições e a estátua nunca poderá ser produzida. Se o escultor nunca teve a idéia, sua habilidade de talhar seria vã; se tem capacidade para ser escultor, de nada lhe aproveitaria essa capacidade, sem as idéias ou sem o desejo de pôr em ação esse poder. Por último, se não tivesse força para talhar a pedra, seria um escultor de sonho, não um escultor real.

Quando, finalmente, a escultura vir à luz do dia, revelará não apenas a cooperação destas três causas, mas também o grau de perfeição em que o artista as possuía. Quanto mais nobre a concepção, quanto mais intenso o amor pela idéia, quanto mais delicado o toque criador, tanto mais perfeita será a estátua, pois o próprio artista, por estas três formas, torna-se imanente à obra.

Desde que Deus fez o universo através de uma tripla causalidade, radicada na unidade de sua natureza, e desde que *operatio secuitur esse,* que significa estar o artista presente em sua obra em função do grau de perfeição de seu ser, segue-se que Deus está presente no mundo, ou e a ele imanente, de três maneiras: como a Sabedoria que o planeja; como a Vontade que o comanda; e como a Força que o sustenta.

Não se deve pensar que Deus seja apenas causa estática do universo. — Aquele que o planejou, deu-lhe leis, criou-o e, então, deixou-o tomar conta de si mesmo. Deus é diferente do arquiteto que planeja, dirige e constrói a casa. O arquiteto pode morrer, mas a casa permanecerá. Isto se dá porque ele é apenas a causa estática da casa, ou a razão de ela vir a ser. Deus, ao contrário, não é apenas a causa estática da casa, mas também a causa dinâmica. Ele é causa não apenas do aparecimento do universo *(causa in fieri),* mas também causa de seu ser *(causa in esse).* Não apenas transformou materiais existentes, como o arquiteto, mas também trouxe-os ao ser pelo fiat de sua vontade onipotente.

Deus é imanente ao mundo por sua sabedoria

Todas as coisas no mundo da arte devem ter sido feitas de acordo com um plano. Nenhum escopro jamais tocou o mármore, nenhum pincel jamais tocou a tela ou, ainda, jamais foi uma cúpula lançada no vão de uma abóbada sem que alguma idéia precedesse a esses atos. Tudo neste mundo foi feito de acordo com determinadas idéias existentes na Mente de Deus desde a eternidade. Deus sendo, portanto, a Inteligência Perfeita, deve ser possuidor dos modelos, idéias ou representações de todas as coisas que deseja trazer à luz do dia. Toda árvore, flor, pássaro — enfim, tudo teve seu modelo espiritual na Mente Divina. E assim como as idéias do escultor podem ser imitadas *ad extra,* assim também as idéias de todas as coisas que Deus possui são igualmente imitáveis *ad extra*. Estas idéias, que são múltiplas sob o nosso ponto de vista, mas que na realidade são uma única na Mente Divina e idênticas ao seu ser, são chamadas Arquétipos e, em relação à imanência, podem-se deduzir três fatos.

Sob certo aspecto, Deus está presente no universo do mesmo modo que o artista está presente na sua obra de arte. Assim como a idéia que o pintor tem da Santíssima Virgem está presente na tela, assim também as idéias que Deus tem das coisas estão presentes nas mesmas. Esses Arquétipos Divinos, refletidos nas coisas, são chamados formas; enquanto na mente são chamados idéias (e às vezes formas). Cada coisa no mundo tem sua forma, que é a razão de sua inteligibilidade e que a faz ser o que é. A árvore é árvore em virtude de sua forma (não figura exterior, mas participação ou reflexo interior dos Arquétipos) e por esta razão difere do camelo, que tem forma diversa. Encontra-se uma alusão a esta filosofia nos conhecidos versos de Joyce Kilmer:

Poemas são feitos por tolos
como eu,
Porém uma árvore somente
a pode fazer Deus.

Não só está Deus presente nas coisas enquanto Sabedoria, que as planejou, mas também na riqueza e na variedade dessa mesma Sabedoria. Sua Sabedoria, sendo infinita, alcança o abismo de todas as coisas conhecidas e cognoscíveis. Naturalmente, coisa alguma criada poderia exprimir perfeitamente a profundidade e a variedade de Seu conhecimento, mas apenas uma Palavra incriada e singular pode exprimi-la, e esta palavra é o Logos, ou o Filho. Foi conveniente que Deus se tornasse presente por sua Sabedoria, não apenas numa coisa, mas em muitas. Aquilo que uma coisa criada não conseguisse revelar, outra poderia fazê-lo. Deste modo, a criação tornou-se uma grande orquestra, com milhares de instrumentos a mesclarem suas notas diversas e, no entanto, cooperando para produzirem a bela sinfonia com que o Céu e a Terra confessam abertamente a Sabedoria do seu Onipotente Criador.

Finalmente, a Sabedoria de Deus difundida nas coisas não é somente a razão de sua existência e de sua riqueza, mas também é a explicação de nossa própria inteligibilidade. Em última análise, por que conhecemos? Conhecemos não porque inventamos, mas porque descobrimos — descobrimos a Sapiência de Deus escondida nas coisas. Toda coisa material no universo é feita de matéria e forma. A matéria fá-la indivídua; a forma, arquétipo interior, é o reflexo da idéia divina. Parece que Deus envolveu suas idéias na matéria, do mesmo modo que envolveu a alma do homem no corpo Mas o conhecimento é impossível enquanto a forma, ou idéia, ou razão da inteligibilidade, esteja escondida pela matéria. O conhecimento é espiritual. Para a mente humana conhecer as coisas racionalmente, deve ter uma força superior à dos animais, uma capacidade para separar a matéria da idéia, ou então para penetrar na matéria com visão semelhante à dos raios X. Deus Todo-Poderoso deu esse poder à mente humana, naquilo que foi chamado intelecto ativo, poder de, entrando em contato sensível com as coisas, apreender-lhes a essência, ou a forma, que faz com que sejam o que são. Mas, desde que a forma é a participação do Arquétipo de determinada coisa na Mente Divina — assim como a catedral é a participação da idéia que estivera na mente do arquiteto — segue-se que, ao conhecer a essência ou a natureza das coisas, a mente conhece a semelhança das Idéias Divinas existentes nas coisas. Assim, de maneira indireta, a Sabedoria de Deus torna-se imanente a nossas próprias mentes por intermédio das coisas. Esta é a razão fundamental por que as coisas são verdadeiras. A verdade é a conformidade entre a mente e as coisas: *adaequatio rei Intellectus*. Minha idéia de árvore é verdadeira se é adequada à coisa material diante de mim, que meus sentidos representam como uma árvore. Tudo neste mundo é verdadeiro, porquanto corresponde à idéia que Deus teve em mente ao fazê-lo. Neste sentido há verdade absoluta. Diz São Tomás:

"O próprio ser de Deus não é apenas conforme ao seu intelecto, mas seu ato de entendimento é a medida e a causa de qualquer outro ser e de qualquer outro intelecto, e Ele é sua própria existência e ato de entendimento. De onde se segue que não apenas a verdade está nele, mas que Ele é a própria Verdade, a Soberana e Primitiva Verdade.

Se as coisas são verdadeiras porque correspondem à Mente Divina, assim, em sentido análogo, nossas mentes possuem a verdade quando correspondem às coisas feitas de acordo com as Idéias de Deus imanentes nelas, por participação, graças à Ação Criadora.

Na ordem divina das coisas, a imanência de Deus na criação pela Sabedoria tenciona descrever um processo circular. Deus fez as coisas com inteligência. Descobrimos a inteligibilidade delas graças ao nosso próprio intelecto, fazemo-las a nós imanentes por um ato de entendimento. Elevando-nos à Suprema Verdade, origem de todas as dádivas, elevamos também o mundo material e, assim, todas as coisas encontram novamente a sua volta a Deus.

Deus é imanente ao universo por sua bondade

A causa final, que determina o propósito ou o fim de qualquer coisa, reside na vontade. Freqüentemente dizemos que determinado produto revela um trabalhador de má vontade; ou, ao contrário, dizemos que o trabalho revela o entusiasmo e o zelo do artesão. Como poderíamos jamais saber disso, se a vontade não se tornasse, de certo modo, imanente à coisa produzida?

Tendo Deus Onipotente criado as coisas não apenas por sua paciência, que as planejou, mas por sua Vontade Todo-Poderosa, deve-se esperar que sua Vontade e Bondade sejam encontradas, de certo modo, em sua obras. Sendo a própria Bondade e, conseqüentemente, nada faltando a sua Perfeição, Deus não criou por utilitarismo, ou com o fim de aumentar a sua felicidade, mas unicamente por Liberalidade.

Deus é imanente em todas as coisas, visto que Ele as dinamizou com um propósito que outro não é senão o de procurarem a Bondade Divina. Desde que Deus é a Bondade Perfeita, não tinha outro fim ao criar as coisas senão o de que tais coisas participassem, de algum modo, de Sua Bondade. Feitas pela Bondade e para a Bondade, o alvo e a finalidade das mesmas foram fixados — procurarem sua própria perfeição, que é a participação naquela Bondade Perfeita que as chamou ao ser. Se o zelo, o fervor e o amor de um artista podem ser encontrados em sua obra, de maneira muito mais perfeita o Amor e Bondade de Deus podem ser encontrados em todas as coisas. São Tomás nos diz que "Deus está numa pedra", não substancialmente, mas porque esta pedra participa de Sua Bondade.

Para assegurar a consecução de seu fim, ou a participação das coisas na Bondade Divina, Deus Todo-Poderoso colocou em cada coisa uma urgência imanente, uma luta pela lei. A flecha é atirada e voa para o alvo. A flecha não tem nenhuma consciência nem de sua direção nem de seu fim e, no entanto, tanto um quanto outra são imanentes a ela, graças ao arqueiro. Do mesmo modo, as coisas inferiores ao homem tendem inconscientemente à sua própria perfeição; mas o fazem apenas porque Deus imprimiu nelas o seu Objetivo, que nada mais é do que se tornarem semelhantes a Deus, cada uma a seu próprio modo. Nas criaturas animadas, esta urgência imanente em direção a Deus está posta em ação pelas leis da natureza: no mundo sensível, pelas leis do instinto; e no homem consciente, pelas leis da inteligência e da vontade. Sendo estas leis a expressão da vontade imanente de Deus nas coisas, constituem a origem do que os escolásticos chamam de amor natural, ou a inclinação das coisas para a própria perfeição, que e a participação na Bondade de Deus.

Deus é tão imanente às coisas pela sua Bondade que Ele é o fim de cada coisa particular, em grau mais elevado do que o próprio fim imediato de cada coisa. Isto significa que a flor tende mais para Deus do que para a eflorescência. Podemos até ir mais longe e dizer, como São Tomás, que até as criaturas irracionais amam a Deus. E ainda isto não nos deve escandalizar. Qualquer homem que tenha um grande ideal regula todas as suas ações, desejos e anelos imediatos em função desse ideal. Ele ama, por isso, seu objetivo final que é o ideal, mais do que qualquer fim imediato que se possa constituir prazer de momento. Cada qual ama o todo mais do que a parte. Eis por que preferiríamos perder um braço a perder a vida. Desde que o todo é a Bondade de Deus manifesta no universo, as coisas aspiram mais a Ele do que a sua própria perfeição. A finalidade imediata de toda criatura finita desaparece do horizonte em face do Bem Perfeito, que é Deus. É o todo que torna a parte inteligível. Se a criatura não desejasse primeiro a Deus, que é o Bem Perfeito, não poderia desejar nada mais. Ninguém pode amar o desconhecido; coisa alguma pode esforçar-se pelo desconhecido. Todo ser racional, neste mundo, anseia conscientemente pelo Amor e pelo Bem em seu estado perfeito, e se toda criatura irracional e inanimada luta pelo bem em estado de participação, isto só se dá porque, de algum modo, em algum tempo, o Bem e o Amor tornaram-se imanentes ao universo. O próprio fato de estarmos à procura prova que, pelo menos uma vez, devemos ter achado. Aqui está a verdadeira lei da gravidade, por meio da qual as coisas não são atraídas para o centro da Terra de modo terreno, mas, ao contrário, são elevadas para o centro do céu, de modo celestial. O poder de atração não varia em relação à massa e à distância, mas de acordo com a essência de cada coisa e de sua espiritualidade. Quanto mais espirituais forem os seres, tanto mais consciente e forte o impulso; mas cada um é atraído a sua própria maneira — atraído para Deus pelo Impulso Gravitacional Imanente do Bem e do Amor: *Amor pondus meum.*

Deus é imanente ao universo pelo seu poder

Deus definiu-se a Moisés: "Eu sou Aquele que é", indicando a perfeição do seu ser. O universo pode dizer que *possui* o ser, mas apenas Deus pode dizer que é. As criaturas são compostas de ser e não ser, mas existir é a própria essência do Criador. Tudo age de acordo com sua natureza, mas a natureza de Deus é ser. Daí, quando Ele quer (causa final) criar coisas (causa eficiente) de acordo com seus planos eternos (causa formal), o ser deverá encontrar-se de algum modo impresso em suas obras. Por isso Deus será imanente ao mundo, não apenas pela sua Sabedoria e Bondade, mas também pelo seu Poder, que é ser, ou ato.

Se o nada absoluto pudesse existir, nada poderia jamais existir. O universo jamais surgiria do vácuo do nada. É indiferente que se comece pela nebulosa primitiva ou pelo sistema solar complexo: o ser, que é comum a todas as coisas, deve ter tido uma causa. Sendo o ser aquilo que é o mais intimamente profundo de uma coisa, é válido apenas pela existência de algum Ser Perfeito que lhe concede temporariamente seu dom de existência. Diz São Tomás a tal respeito: "Desde que a verdadeira essência de Deus é ser, segue-se que o ser na ordem criada será, com toda a propriedade, seu efeito, do mesmo modo que queimar é, com toda a propriedade, o efeito do fogo." A universalidade do ser é um dos sinais certos de que o Ser de Deus é imanente ao universo em virtude de seu poder criador.

Não se deve pensar, entretanto, que Deus está no universo simplesmente como a origem inicial de seu ser, pois Ele não é simplesmente causa estática. É muito mais do que o Arquiteto do universo. Arquiteto que não apenas faz o plano da casa, mas que ainda a constrói, que é a ela imanente pela sua atividade. Note-se, porém, que o arquiteto morre e, no entanto, a casa continua a existir, pois ele é simplesmente a causa do vir a ser da casa *(causa in fieri)*, e não a causa de seu ser *(causa in esse)*; ele simplesmente transformou materiais preexistentes. Deus, porém, não manipulou meramente matérias-primas já existentes; Ele é a Causa do próprio começo, ou do ser das coisas. Portanto, as coisas estão relacionadas com seu Ser como os raios do sol o estão com o próprio sol. Elas dependem de Deus não só no começo de sua existência, como também para continuar a ser, ou para conservar-se. Se Ele suprimisse o Poder Conservador por um segundo, elas voltariam ao nada de onde vieram.

Deus não é como o artista, que manipula a sua obra por intermédio de instrumentos, deixando-a depois. Com Deus não há *actio in distans*.

Ele está intimamente presente em todas as coisas. *"Deus est in omntibus rebus, et intime."* Ele é tão imanente ao universo pelo seu Poder que, como nos lembra São Tomás, todos os movimentos, atividades, idas e vindas das coisas animadas e inanimadas são mais propriamente efeitos de Deus do que efeitos de causas secundárias.

As coisas criadas podem ser meios secundários desta conservação, porém a conservação de cada Ser depende fundamentalmente de Deus. Tal dependência é tão grande que São Tomás não hesita em dizer que:

"Deus é a causa fundamental da ação, qualquer que seja ela, visto que: a) Ele dá ao sujeito o poder de agir; b) conserva-o no seu ser; dirige-o para a ação — em síntese, influi imediatamente em todo Ser, sem de nenhum modo excluir a ação da vontade ou a essência.

Isto significa que Deus está presente em toda parte, não pelo contato material, mas pelo poder. A noção espacial de que Deus está localizado nas coisas é, portanto, errônea. Deus é espiritual e não está contido em coisas. Não há divisão em seu Ser. Assim como a alma está inteira em toda parte do Corpo, assim também Deus está Todo em todas as coisas e em cada coisa. Estando presente em todas as coisas como a Causa de toda Existência, Deus é, no entanto, superior a todas as coisas pela excelência de Sua Natureza. Podemos dizer que as coisas estão mais em Deus do que Deus nas coisas, assim como a árvore está mais no pensamento, quando a conheço, do que eu na árvore. Mas desde que a força é aplicada às coisas externas, podemos dizer que através dela Deus está mais nas coisas.

Em conclusão, podemos dizer que Deus é imanente a todas as coisas não por uma participação de sua Natureza, pois, desde que esta é espiritual, não pode ser compartilhada; não por um contato acidental, porque o mundo depende inteiramente dele; mas, antes, por sua Causalidade.

Antes de tudo, há a causalidade dos seres, enquanto causalidade inteligente. Que são as leis da ciência, da psicologia, da física, senão designações e rótulos que damos às coisas que nos obrigam a pensar de determinado modo, e não de outro? Se as leis fossem de nossa autoria, poderíamos fazer com que as águas corressem para cima. Não se voltam os cientistas para o campo experimental da natureza para verificarem suas hipóteses? O que é isso senão o reconhecimento de que eles estão apenas encontrando sabedoria, e não criando? Se a.natureza nos obriga a pensar de certo modo, só pode ser porque a natureza é racional e traz em si o reflexo da sapiência de Deus. Temos as palavras de Browning:

Conhecer é, antes,
Abrir uma passagem
Por onde o esplendor
prisioneiro possa escapar
Do que forjar uma entrada
para a luz
Que se suponha estar do
lado de fora.

E este *esplendor prisioneiro* é o sinal de que Deus não está só no seu Céu, em Essência, mas também no seu mundo, pela Sabedoria. Se 250.000.000 de átomos fossem colocados ao lado uns dos outros, não ocupariam distância maior do que uma polegada, e cada um é, entretanto, a miniatura do sistema solar, tendo o próton como seu sol e os elétrons como planetas. Todas eles demonstram a lei, a ordem e o plano que os guiaram em todas as suas duradouras contribuições para a estrutura do universo e declaram ao cientista, do outro lado do microscópio, que ele está em presença da própria Inteligência.

Em seguida há a causação dos seres por parte de Deus, enquanto voluntária. Por que quis Deus criar o universo? Os Arquétipos que ele possuía não o obrigaram? Deus criou o mundo, Deus é Bondade e, sendo Bondade, não poderia, de certo modo, conter-se. Conseqüentemente, contou o segredo de sua Bondade ao nada, e isso foi a criação. O mundo é a superabundância da Bondade Divina. Produzido pela Bondade de Deus, esta se encontra no mundo. Todos os impulsos versáteis e as lutas do universo são modos de conduta correspondentes à atividade contínua de sua Vontade. Pelo fato de Deus estar nas coisas por seu Amor e Bondade, em parte elas todas lutam para produzirem a mesma Bondade que as chamou ao ser. Por isso tudo no mundo tende a difundir-se. O sol é bom e se difunde em luz e calor; a árvore é boa, e difunde-se na fruta; a rosa é boa, e difunde no perfume; os animais são bons, e se difundem na geração da própria espécie. O homem é bom, e difunde-se na geração do pensamento. A fecundidade, ou produtividade, é a lei do universo. As coisas dão porque a elas foi dado. O dar é o complemento delas e, por procurarem a própria perfeição e bondade, procuram. o Bem Perfeito, que é Deus. Por isso o homem encontra paradoxos nas criaturas e fala de sua "fidelidade traidora, de sua falsidade leal". Para nós são volúveis e, para Deus, fiéis, porque, através delas, Deus está, *suaviter et fortiter,* atraindo todas as coisas de volta ao seu Coração infinitamente bondoso.

Finalmente, há a Causalidade vista como pura ação. Tirados do nada, sempre suportaremos a impressão de nossa origem, do mesmo modo que a estátua deve necessariamente ser imperfeita, se esculpida em mármore imperfeito. Deus deve estar em todas as coisas, sustentando-as a cada instante. Esta lição, São Paulo a acentuou para os areopagitas antigos: "Deus não está longe de nenhum de nós, pois vivemos nEle, nos movemos e temos nosso ser." Na verdade, Deus está mais próximo de nós do que nós de nós mesmos. Somos apenas depósitos do ser, vivendo em instalações provisórias que sua Munificência nos concedeu. E não apenas nós, mas todas as coisas. A suprema filosofia está nas seguintes linhas de Blake:

Ver o mundo no grão de areia
E o céu na flor agreste;
Conter o infinito na palma da mão
E a eternidade numa hora.

Por que Deus, na Escritura e nos escritos de qualquer povo religioso, nunca é representado a gritar? Porque está tão perto que não precisa gritar. Ele sussurra. O silêncio das esferas celestiais amedrontava Pascal; elas lhe falavam da presença de Deus. Quem haverá de negar que alguma parcela de verdade, com referência à imanência de Deus nas coisas criadas, esteja expressa nestas palavras atribuídas a Tennyson: "Sobre teus joelhos, — homem, eis aqui violetas"?

Não se pense que a teoria da evolução se oponha à doutrina da imanência de Deus. Que é a evolução senão a imanência de Deus expressa em termos dinâmicos? Se houver algo como a evolução, então vejo mais uma razão para acentuar a imanência de Deus. A evolução do gás original, ou molécula, exigiria três coisas: uma Força que trouxesse esse gás, ou molécula, ao ser, e que o sustentasse no ser durante seu desenvolvimento progressivo; uma Mente que planejasse a evolução daquela matéria-prima e a dotasse de leis internas; uma Vontade que resolvesse trazê-la ao ser, que introduzisse em cada emergente do processo evolucionário uma finalidade interior e que desse ao processo inteiro o seu próprio fim e propósito — pois sem propósito não haveria razão para evoluir.

Assim, quer se considere o universo como feito no estádio presente, quer como o resultado de uma lenta evolução do simples para o composto, Deus deve ser a ele imanente como *Sapientia ut dirigens, Voluntas ut imperans, Potentia ut exequens.*

A razão já no-lo diz bastante, mas, quando a Revelação no-lo vem dizer mais, então começamos a entender que estas três causas estão radicadas numa única Natureza, que é Deus, e cada uma das Causas é tão perfeita que se constitui em Pessoa. A Tríplice Causalidade torna-se Trindade — Três Pessoas em um só Deus. O Poder — Deus Pai: "Creio em Deus Pai, Todo-Poderoso." A Sabedoria — Deus Filho, o Logos, o Pensamento Pessoal de um Pensador Eterno. A Vontade — Deus Espírito Santo, o Poder de Atração, o Amor.

SABEDORIA E FELICIDADE
José da Silva Martins
Formato: 16 x 23
526 páginas
Editora Martin Claret
Tel.: (011) 262-8144
1990
(Ver pág.115)

Reverenciar Deus

JOSÉ DA SILVA MARTINS

O culto a Deus é dever de todas as criaturas. É Ele criador de tudo o que existe. Reverenciá-lo constitui obrigação de todo ser. Negá-lo é negar a Criação, e nada existe sem o seu criador.

Todo homem criado por Deus em ignorância retorna a Ele em sabedoria e santidade depois de muitas vidas, aprendizagens, esforços e sofrimentos. Disse Bacon: "O ateísmo e o materialismo são absurdos, repelidos pela consciência humana."

Considerar a criação e a nossa existência como obras do Acaso, e a nossa vida terrena como um momento efêmero de consciência, seguido do mergulho no absoluto nada, é inconcebível! Como exigir de um homem uma vida nobre e de sacrifício em prol de seus semelhantes, se após a sua passagem pela Terra o aguarda o aniquilamento final? Como aceitar as maravilhas da Criação como obras do Acaso, sem um Criador Supremo? E é o mesmo gênio de Bacon afirmando: "Deus nunca fez milagres para convencer o ateísta: suas obras quotidianas já bastam."

O homem, segundo o ateu, sai do nada, e, depois de um rápido momento de consciência, ao nada retorna. A morte acolhe com igual indiferença o justo e o pecador. A vida, para o materialista, consiste em obter o máximo de prazeres na sua breve e única existência; chegada a morte, tudo termina, sem recompensa para o bom e castigo para o mau. Tais motivos, tão pouco elevados, criam uma triste moral individual. Pedem-nos para cumprirmos os nossos deveres, mas, não estando eles ligados a nenhum princípio moral, resultam no egoísmo e na ânsia de aproveitar o que a vida nos oferece de prazeres, sem nenhum sentido altruísta. Daí uma luta feroz entre os indivíduos, procurando cada um obter o máximo de aquisições por meios, não raro, incorretos, pois nenhuma condenação os aguarda, chegada a morte. A reflexão mostra-nos como os ateístas estão enganados. A manifestação da vida, em todas as suas modalidades, proclama a existência de Deus.

No Cosmos, tudo obedece a leis inflexíveis: a gravitação dos astros, o ritmo das estações e dos anos, as diversidades da vida material, vegetal, animal e humana. A nossa Razão, como já afirmamos, recusa-se a aceitar ser toda essa criação obra do Acaso, mas de um Legislador, que é Deus. Será que a maioria dos gênios que nos precederam e proclamaram a existência de Deus e da imortalidade da alma estavam enganados? Meditemos no que nos escreve Dostoievsky no seu livro *Diário de um Escritor:* Declaro que o amor pela Humanidade constitui coisa completamente inconcebível e, mesmo impossível, sem a fé em Deus e na imortalidade da alma. Pensemos ainda no que diz Sir Thomas Brown, médico e filósofo inglês do século XVII: Quando o homem se convence de que sua mentalidade é uma porção da mente infinita, experimenta, com a manifestação da vida inteligente, um sentido de unidade tão maravilhosa que, libertando-se da dúvida e do preconceito, goza de plena liberdade mental. Compreende, então, que para o vôo do seu espírito não há alturas nem depressões intransponíveis. É gerador e regenerador de si próprio e sente-se bafejado pelo hálito puro da consciência universal, que lhe transmite o poder de irmanar-se a Deus.

Plínio Salgado, autor de *Vida de Jesus,* que sendo um profundo crente, teve a má idéia de querer impor ao Brasil o mesmo sistema político que Hitler tentou impor ao povo germânico, acabando por esfacelar a Alemanha em duas Alemanhas, diz, em claras palavras, que nada pode existir sem o criador: "Observando a precisão das leis e a uniformidade dos ritmos que regem os astros e os átomos, temos que concluir que uma inteligência presidiu à criação de tudo o que existe."

Lincoln, o grande americano, escreveu: "Acho impossível

que um homem, contemplando a terra, se torne ateu. Parece-me impossível que esse mesmo homem, ao olhar o Céu, ouse dizer que não existe Deus." E o genial criador de *Candide,* Voltaire, que criticou a Igreja Católica porque, espírito universal e ecumênico, encontrava em todas as religiões, em todos os sistemas filosóficos, partículas da verdade, e nenhuma religião ou filosofia podem-se outorgar como a única detentora da verdade, afirmou: "Uma falsa ciência faz tornar ateu, mas uma verdadeira ciência prosterna o homem diante de Deus." Vivesse Voltaire em nossos dias, e teria a alegria de ver o grande Papa João Paulo II terminar com essa intolerância e fanatismo, quando declara que as outras religiões também são caminhos para Deus.

Tem razão Voltaire quando afirma: "uma verdadeira ciência prosterna o homem diante de Deus". Assim o compreendeu Werner Von Braun. O célebre inventor dos foguetes que quase destroem Londres durante a última Segunda Grande Guerra, e que foi precursor dos satélites espaciais que cruzam atualmente o cosmos, com a sua ciência, declara: "À medida que se vão alargando os conhecimentos do homem, aquela imagem que tínhamos de Deus vai-se engrandecendo. Deus deixou de ser provinciano para se tornar universal."

O homem pode ser grande intelectual, ter no cérebro toda a ciência humana, e, todavia, não possuir uma migalha de sabedoria — e a sabedoria sobreleva todas as demais qualidades. A estes órfãos de sabedoria dirige-se o grande autor dos *Caractéres,* La Bruyère, dizendo: "Eu gostaria de ouvir um homem sábio, moderado, casto dizer que não existe Deus. Pelo menos falaria sem interesse. Tal homem, porém, não existe."

Embora Pascal, o grande gênio francês, seja um crente em Deus e na imortalidade da alma, ele se inquieta, ele se interroga angustiosamente, ignorando por que foi criado, por que está na Terra e aspira saber o seu destino expresso neste trecho antológico: "Quando considero a duração mínima da minha vida, absorvida pela eternidade precedente e seguinte, o espaço diminuto que ocupo, e mesmo o que vejo, abismado na imensidade infinita dos espaços que ignoro e que me ignoram, assusto-me e assombro-me de me ver aqui antes que lá, antes no presente do que no passado. Quem me pôs aqui? Por ordem e conduta de quem este espaço me foi destinado?"

Também Jorge Luís Borges, o grande argentino, cego de corpo, mas com visão brilhante da alma, que não tinha a graça nem a crença de Pascal, faz idêntica interrogação: Quando São Paulo diz: 'morro a cada dia', não era esta expressão patética. A verdade é que morremos a cada dia. Estamos permanentemente nascendo e morrendo. Por isso o problema do tempo não afeta mais que os outros problemas metafísicos, porque os outros são abstratos. O do tempo é nosso problema. Quem sou eu? Talvez saibamos algum dia. Talvez não. Nesse meio tempo, entretanto, como diz Santo Agostinho: 'Minha alma arde porque quero saber.'"

Emmanuel Kant, teólogo, filósofo e cientista alemão, autor de *História Universal da Natureza e Teoria do Céu* e de tantas célebres obras, identifica-se com Pascal e Luís Borges, quando escreve na sua *Crítica da Razão Prática:* "Duas coisas enchem o ânimo de admiração e respeito, sempre novos e crescentes, quanto mais reiterada e persistentemente se ocupa daquela reflexão: o céu estrelado sobre mim e a lei moral em mim. Ambas são coisas que não devo buscar fora do meu círculo visual (...), vejo-as diante de mim e enlaço-as diretamente com a consciência de minha existência. A primeira provém do lugar que eu ocupo no mundo sensível externo e estende para o imensamente grande o enlace em que estou com mundos e mais mundos e sistemas de sistemas (...) A segunda provém do meu eu invisível, de minha personalidade, e me expõe em um mundo que tem verdadeira infinitude (...), e com o qual (e, em conseqüência, ao mesmo tempo também com todos os demais mundos visíveis) me reconheço enlaçado não de modo paramente contingente (...), mas universal e necessário. A primeira visão de uma inumerável multidão de mundos aniquila, por assim dizer, a minha importância como criatura animal (...) A segunda, ao contrário, em virtude da minha personalidade, eleva infinitamente o meu valor como inteligência, na qual a lei moral me revela uma vida independente da animalidade e também de todo o mundo sensível."

Porém, uma das provas mais evidentes da existência de Deus nos foi dada por John Locke, filósofo e escritor inglês do século XVII, nestas admiráveis palavras: "A demonstração da existência de Deus apóia-se na evidência intuitiva da nossa própria existência. Se eu existo, deve haver algo que existe desde sempre, isto é, eterno, sem um começo, pois antes do começo só pode haver o nada, e o puro nada jamais poderia ter criado um ser existente. E se esse algo é criador, ele deve ser a fonte das potências da criatura e, portanto, deve ser o mais poderoso. Por fim, se o homem se distingue por sua inteligência, com mais razão o seu criador deve ser inteligente: seu nome é Deus."

Ao contrário de muitos crentes, que acreditam ter Deus nos criado para a dor, para o sofrimento, para a penitência, para o sacrifício, Ele nos criou para a alegria e para a felicidade. A diferença entre a religião Católica e, por exemplo, o Budismo e o Hinduísmo, é que a primeira nos inspira o sofrimento, a penitência, quando a crença e a prece deve ser a apoteose da Alegria. Tem razão Thomas Paine, quando escreve: "O mestre todo-poderoso ao exibir os princípios da ciência na estrutura do Universo, convidou o homem ao estudo e à emulação. É como se Ele houvesse dito aos habitantes deste globo, a que chamamos nosso: 'Fiz o mundo para que nele o homem vivesse feliz, admirasse o firmamento estrelado, aprendesse a ciência dos astros. Ele agora pode prover seu próprio conforto e aprender, com minha munificiência a ser generoso para com o próximo.'"

Busquei selecionar algumas, entre tantas inteligências, que proclamam a sua crença em Deus e na imortalidade da alma.

Possa o ateu mergulhar na sua consciência, ter um momento de reflexão e meditação, do qual possa surgir a luz que apague as trevas da dúvida e da descrença, e sentir o despertar da fé em Deus e na imortalidade da alma, dando um novo sentido à vida que lhe indique o caminho para a Sabedoria e Felicidade.

Para que as bênçãos do céu possam descer sobre nós e sermos dignos delas, deve a nossa alma ser como um espelho onde se refletem as nossas virtudes, e que nenhuma sombra apague essa imagem. A propósito, o estóico Epiteto nos recomenda: "A primeira coisa que é preciso aprender é que há um Deus que governa tudo pela Sua providência, e a quem nada pode ficar oculto, não somente os nossos atos, como também os nossos pensamentos e vibrações. Sejam portanto todos os teus pensamentos, todas as tuas ações de um homem que imita Deus e que procura ter com Ele alguma semelhança."

Um outro estóico, Marco Aurélio, cuja grandeza, como imperador romano, nunca ofuscou a sua humildade e sabedoria, faz esta confissão de obediência e respeito ao Altíssimo: "Como o poder de Deus é grande! Depende de nós não fazermos senão o que é agradável a Deus e recebermos com submissão tudo o que Deus nos enviar."

Não é demais repetir: nada se concebe, se explica, se compreende com justiça e certeza se não se aborda, antes de tudo, a origem e o fim do homem, se não se eleva até à representação da Causa das Causas, da Energia, criadora universal, da perfeição e da bondade absolutas, enfim, se não se sobe até Deus, senhor de tudo, e não se consagra a Ele o culto que deve guiar e santificar todas as obras humanas.

Neste culto a Deus encontra o homem a felicidade, porque como diz o *Bhagavad Gita:* "Quem não reverencia Deus, não pode ser feliz neste mundo, e que espera então no outro?"

Quando a moral individual apresenta tais deficiências, tais descrenças, a moral coletiva, que é feita de fatos e esforços de cada um, contém, então, os mesmos vícios aumentados. O que toca, primeiro de tudo, ao observador clarividente, é a perda das noções fundamentais da Ordem, da Hierarquia e do Dever. A supremacia da inteligência e da virtude é abafada. A multidão dos ignorantes e dos imorais proclama a igualdade de todos em face das vantagens naturais, sem considerar as diferenças, os méritos de desenvolvimento intelectual e moral de cada um. A lei do maior número suprime a dos melhores. A multiplicidade das baixas paixões substitui as superioridades oprimidas mais sábias, negando e desconhecendo Deus, e, sem fé nem lei, a amargura reina soberana entre esses infelizes descrentes.

É assim que se prepara e se determina a chegada de grandes catástrofes de reabilitação, filhas de erros sociais e demagógicos, representando crises de purificação e de mudanças, acumuladas por faltas humanas. Momentaneamente, a força bruta aparenta representar a justiça moral, mas acaba por ser desmascarada e vencida. A coletividade, em face do Bem que venceu o Mal, deixa de sofrer e encontra, no fundo da sua consciência, a luz que lhe indica o caminho para uma vida perfeita.

Então, o homem, vivificado com a fé e com a veneração a Deus, pode exultar-se, como São Paulo: "Porque tenho a certeza que nem a morte, nem os anjos, nem os demônios, nem as coisas presentes, nem futuras, nem as potências, nem as alturas, nem as profundidades, nem qualquer outra coisa poderá separar-me de Deus."

Revestido o povo de novas forças que o mal vencido provocara, as idéias capitais da verdade, da solidariedade, da hierarquia e dever que a demagogia desprezava, reinicia a coletividade a rude aprendizagem das virtudes que outrora tivera e que esquecera, para despertar da apatia em que estivera mergulhada, e, compreende enfim, graças ao sofrimento por que passara, que não pode existir moral eficaz sem a lei de Deus. Estas dolorosas desarmonias obrigam o homem a refletir e a reencontrar a via divina, que o leve ao conhecimento e a uma vida feliz, na qual reencontrará a felicidade que perdera.

Quando se procura confiadamente, quando se sabe observar e ver, evitam-se semelhantes desastres, porque rapidamente se descobre a ordem divina que reina no universo, nas leis que regem a evolução, na obrigação de viver conforme a ordem estabelecida por Deus, que consiste em viver como aconselha Epiteto: "Estou sempre contente com o que acontece, porque o que Deus quer é melhor do que o que eu quero", e embora todos os acontecimentos surgidos no mundo sejam determinados pelo homem, sucedem eles porque Deus os permite, e assim o confirma Benedicti Spinoza: "Tudo o que existe, existe em Deus, e sem Deus nada pode existir nem ser concebido."

Escreveu alguém: "Um anjo quis visitar Londres. Um guia lhe mostrou o que de mais belo havia na capital britânica. Indaga o anjo: 'Não há outros lugares que possa admirar?' 'Sim, responde o guia, mas indignos de visitados por um ente celeste!' Insiste o anjo, e visita-os. 'Não vos sentis aborrecido em face de tanta miséria?' "Não, responde o anjo. "Vivi tanto tempo com Deus que aprendi a vê-lo em tudo o que existe."

Assim deve proceder um sábio: ver nas coisas mais ínfimas, a grandeza; no desamor, o amor; na lealdade, a beleza; em suma, ver nosso Pai celeste vivente e palpitante em todas as coisas.

Freemann Claim Clark declara: "Quanto mais beleza descubro na vida, nos homens e nas crianças, no mundo exterior e interior, tanto mais vejo Deus em todas as coisas e em todas as obras."

Está claro, como já disse: tudo no universo obedece a leis inexoráveis — a gravitação dos astros, o ritmo dos anos, das estações, as modalidades da vida mineral, vegetal, animal e humana. A Razão recusa-se a aceitar sejam estas leis tão sábias e imutáveis estabelecidas sem uma força legisladora suprema, sem uma direção única e superior, sem uma consciência universal que agrupe em si este conjunto maravilhoso e o conduza ao fim por essas leis assinaladas.

Uma energia diretora e reguladora contém todo o Universo. Representa o Espírito que tudo move. Criou a vida que anima toda a matéria, graças à qual a evolução se estabelece, dando origem ao Universo.

No plano material, esta unidade de forças é proclamada pela ciência moderna, que acaba de remontar à Energia Cósmica, força imponderável encontrada em todas as coisas, por trás de cada fenômeno, causa, meio e fim de tudo apresentado aos nossos sentidos. Esta descoberta da Energia incriada, imperecível, progressiva, inata em tudo evoluindo em graus hierárquicos, fornece a demonstração científica da existência e da unidade das forças divinas que sustentam e dirigem o mundo.

Então, uma convicção religiosa se fixa em nosso espírito com raízes profundas, inspirando e determinando todas as ações revestidas não só de força moral, mas igualmente de um sentido de aperfeiçoamento crescente.

Um estudo da constituição do homem revela, por seu lado, a mesma unidade de ação, buscando o espírito suas forças vitais no corpo material, resultando aparecer o ser humano como uma representação universal da criação, semelhante a um microcosmos, pois possui ele em si mesmo elementos fornecedores análogos aos que compõem o universo. A propósito, dizem os Versos de Ouro de Pitágoras: "Quand tu serás bien pénétré de ces précepts, tu arriveras à concevo ir la constituition in time des Dieux, des hom mes et de toutes les choses, et à te rendre compte de l'unité qui pénètre l'ocuvre naturelle entière."[1]

Ainda é de Pitágoras esta observação sobre a imensidade de Deus: "Deus é Uno; Ele não está jamais, como pensam alguns, fora do mundo, mas sim totalmente no mundo inteiro. Deus está no Universo, o Universo está em Deus. O Mundo e Deus não são mais que uma Unidade."

---

[1] Os *Versos de Ouro* talvez sejam o maior código de moral dado ao mundo, há mais de 2.500 anos. Escritos por Lysias, amado discípulo de Pitágoras, concentram a sabedoria do maior dos gregos, e, dir-se-ia, do qual Sócrates e Platão foram fiéis discípulos, pois a filosofia desses dois grandes gregos inspira-se em Pitágoras. A tradução dos *Versos de Ouro* do grego para o francês é de Paul Carton, médico, escritor e filósofo francês, e considerada a melhor tradução dessa obra-prima.

O homem, ao nascer, dizem as religiões antigas, já tem o seu destino marcado, que pode melhorar ou piorar segundo a sua vontade, já que Deus lhe deu o livre-arbítrio. Diz Job: "Escreveu Deus na mão dos homens sinais para que todos possam conhecer antecipadamente o seu destino."

Sobre a diferença de nascimentos, escreveu o padre Antônio Vieira: "Bem poderia Deus que nascessem os homens todos iguais, mas ordenou sua providência que houvesse no mundo esta mal sofrida desigualdade para que a mesma dor do primeiro nascimento não excitasse a melhoria do segundo".

No mundo das idéias, chega-se à concepção do Absoluto, que, na sua Unidade, totaliza todos os conceitos do Infinito, do Amor, da Perfeição e da existência de Deus, pois segundo G. Flaubert: "Um povo de ateus não poderia existir."

Uma vez analisados e meditados estes ensinamentos naturais, a clara verdade da existência de Deus fixa-se e se impõe definitivamente na consciência. Descobre-se, ao mesmo tempo, a origem e o fim da vida humana, e se percebe possuir ela em si mesma uma parcela da força criadora universal, resumindo a vida humana numa livre evolução e uma merecida atração para Deus, através de múltiplas existências.

Então, sobre estas bases indestrutíveis, que dão satisfação à inteligência, à vontade e ao coração, podem-se edificar verdadeiramente regras de vida e de obrigações. Basear-se-ão elas neste único esforço: assemelha-se a Deus, obedecendo às leis naturais, de maneira a se aproximar pouco a pouco de seus atributos, que comportam uma felicidade cada vez maior. Mostra esta convicção que todos os homens pertencem à mesma família divina, e, portanto, o coração não pode acolher senão sentimentos de amor e fraternidade. Enfim, ela indica a verdadeira meta da existência, que é se tornar cada vez mais saudável de corpo e de espírito e trabalhar para o aperfeiçoamento de seus semelhantes.

Compreendido assim Deus, pai e criador de tudo o que existe revestimo-nos de poderosa, incomparável força moralizadora, porque Ele inspira as razões de fazer o bem, a obrigação de todo homem cumprir o seu dever. Também sua missão capital é de estabelecer a ordem social, a legitimidade das hierarquias e das disciplinas, e a necessidade de cumprir as leis com suas sanções. As idéias essenciais de Família, de Pátria e da Humanidade emanam destas fontes, chegando assim a uma perfeita vida harmoniosa e bela para com todos os seres que peregrinam neste vale de lágrimas, mas que se poderia transformar num vale de alegria se todos os homens se compreendessem e se amassem mutuamente.

Quando vivemos uma vida perfeita, tudo decorre em harmonia, parecendo que Deus está presente em todas as nossas ações. Joseph Haydn, o pai das sinfonias, declara: "Quando penso em Deus, o meu coração enche-se tanto de alegria que as notas formam torrentes debaixo de minha pena."

Tenhamos a certeza de que nada de mal nos acontece quando amamos Deus através dos nossos semelhantes. Nos diz Santa Teresa de Jesus: "Não teme nem desanima quem se convence que é mantido pelo poder divino, podendo ter a certeza de que Deus o auxiliará em todas as suas necessidades. Quem ama Deus nada lhe falta".

No mesmo sentido, diz Pitágoras nos seus *Versos de Ouro*: "Les Dieux, en effet, préservent les Sages des maux les plus grands".

Busquemos ver Deus e amá-lo em cada irmão que encontramos no caminho da vida, conforme nos aconselha Leon Kaseff: "Procura-se Deus na vastidão do firmamento; no entanto, onipresente, Ele se acha no recesso de cada ser."

Lembremo-nos de que a suprema oração ao Altíssimo consiste em Doar: uma palavra carinhosa, um conselho, um auxílio a nossos semelhantes. Diz Veratour: "Não conhece o homem a verdadeira felicidade se não sente em qualquer grau que a sua vida pertence à sua raça e o que Deus lhe dá, dá-lho para distribuir pela humanidade."

Finalmente, importa prestar culto a Deus através de tudo o que existe, porque Ele em tudo está presente, já que nada existe que não seja por sua vontade, acontecimentos muitas vezes prejudiciais ao gênero humano, mas cujos fins ocultos à nossa inteligência e à nossa razão não podem compreender.

Outro culto que importa prestar é aos grandes antepassados, que, com as luzes que nos deixaram, iluminam as veredas dos humanos seres. São eles os grandes santos, os grandes heróis, os grandes sábios, e todo pensamento, toda a prece a eles dirigidas retornam aos homens em amparo e em bênçãos. Pitágoras abre o seu supremo código de moral, *Os Versos de Ouro*, com este apelo: "Tout d'abord, rends aux Dieux immortels le culte prescrit par la loi. Garde aussi ta foi jurée.

Révère ensuite, comme il convuient, les Héros sublimes et les Esprits demi-Dieux."

Explicadas as razões por que devemos acreditar em Deus e por que somos de origem divina, pois já a Bíblia Sagrada declara: "Vóis sois deuses", visto que, sendo todos nós filhos de Deus, somos co-herdeiros da sua divindade. Então, é nosso dever rendermos graças diariamente a nosso Pai celeste, a fim de lhe confessar a nossa gratidão e devoção, e recebermos dele inspiração e amparo para vivermos nobremente nossa vida terrena.

Importa, todavia, notar que não é a crença em Deus e na imortalidade da alma, não são as nossas orações ao Altíssimo que nos salvam, mas as nossas AÇÕES em benefício de nossos semelhantes. São Tiago afirma: "A fé sem obras é morta. Qual o proveito se alguém disser que tem fé, mas não tem obras?" E acrescentaria: a prece é absolutamente inútil ou secundária sem obras em prol de nossos semelhantes. Diria até: vale mais um pensamento de amor e carinho endereçado a um de nossos semelhantes, do que uma dezena de preces quando elas se dirigem a Deus no sentido de nos proteger e abençoar; porém, de imenso interesse são, se essas preces a Deus têm o apelo de proteger e abençoar alguns de nossos irmãos sofredores."

Eu posso crer religiosa e infinitamente que Deus não existe, e vós pequenamente, que um Deus único e todo-poderoso vos protege. Eu serei mais feliz do que vós, se a minha descrença for maior, mais grave e mais nobre que a vossa fé; se ela interrogou mais intimamente a minha alma, se amou mais profundamente. O Deus no qual não cria, tornar-se-á mais poderoso e consolador do que aquele em que vós credes, se eu merecer que a minha dúvida repouse sobre pensamentos e sentimentos mais vastos e mais puros do que aqueles que animam a vossa fé.

Melhor é crer do que não crer, porque a crença em Deus enche a nossa alma de paz e felicidade. Mas crer ou não crer não é essencial para a nossa salvação: para chegar a ela, só os nossos ATOS de Bondade e, sobretudo, de Amor que tenhamos derramado sobre os nossos semelhantes contam perante Deus. Diria até, entre dois atos iguais de bondade e caridade praticados por um crente e um descrente, terá este mais valor, porque praticou o bem sem esperança de recompensa, enquanto o crente sabe que será recompensado por Deus. Daí o ensino de Jesus: A quem muito lhe for dado, muito lhe será pedido. E ainda a *Imitação de Cristo*: "Quanto mais e melhor souberes, com tanto rigor serás julgado, se não viveres santamente."

Na minha longa vida de 92 anos conheci atEus que, pelos seus ATOS, eram verdadeiros santos e que hoje estão com Deus, em quem não criam; e nestes, como já disse, incluiria Carlos Drammond de Andrade que, sendo ateu, por sua vida tão nobre e tão perfeita, está hoje com Deus, no qual não acreditava. Outros, aparentemente crentes, comungando e praticando todos os fatos e cerimônias prescritos pela Igreja, pela sua vida impura, estarão no Inferno descrito pela Bíblia, que nada mais é, para o sábio e para as escrituras sagradas do Oriente, mais antigas que a Bíblia, como o *Bhagavad Gita*, *Vedas*, etc., que o Inferno é representado pelas reencarnações sucessivas na Terra ou outros planetas, onde, pelo sofrimento, resgatarão todos os seus pecados, — já que não há moratória para as dívidas da alma — e uma vez purificados pelo sofrimento, retornam puros e sábios para Deus, destino final de todo filho do Altíssimo.

Compreenda-se finalmente que a virtude suprema é amar e fazer o bem a cada irmão que encontramos nos caminhos da vida; o auxílio que se oferece a cada um dos nossos semelhantes não são eles que o recebem, mas Deus, segundo Mateus, Cap. 25, Crs. 34 a 40: "O rei dirá, então, aos de Sua direita: 'Vinde, benditos de Meu Pai, recebei em herança o Reino que vos está preparado desde a criação do mundo. Porque tive fome e destes-Me de comer; tive sede e destes-Me de beber; era peregrino e reconhecestes-Me; estava nu e destes-Me de vestir; adoeci e visitastes-Me; estive na prisão e fostes ter Comigo.' Então, os justos responder-lhe-ão: 'Senhor, quando foi que Te vimos com fome e Te demos de comer, ou com sede e Te demos de beber? Quando Te vimos peregrino e te recolhemos ou nu e te vestimos? E quando Te vimos doente ou na prisão e fomos visitar-Te? E o Rei dir-lhes-á em resposta: 'Em verdade vos digo: sempre que fizestes isto a um deste Meus irmãos mais pequeninos, a Mim o fizestes.' "

Pensamentos Sobre Reverenciar Deus

1

Os dias inteiros / Destruímos o Brasil; Deus, às noites, o refaz.

AFRÂNIO PEIXOTO

2

No íntimo do homem existe Deus.

SANTO AGOSTINHO

3

Não morre quem vive para Deus.

ALARCON (R. de)

4

Todos os homens têm uma dívida com a providência, porque a ela devemos a vida.

SANTO AMBRÓSIO

5

Dizes que ainda verás / Deus e a sua luz. / Tolo, nunca hás de vê-lo / Se o não vês hoje.

ANGELO SILESIUS

6

Eu sou o Alfa e o Ômega, diz o Senhor Deus; aquele que é, que era e que há de vir, o todo-poderoso.

APOCALIPSE DE SÃO JOÃO

7

E quase todo mundo, quando a idade, /Doenças ou tristezas o apertam, / Inclinam-se a pensar que há Deus, / Ou algo semelhante.

ARTHUR HOUCH GLOUCH

8

O ateu procura convencer os outros para se persuadir a si mesmo.

BACON (F.)

9

Creio que Deus nos colocou nesta vida encantadora para sermos felizes.

BADEN POWELL

10

O que são todas as nossas aspirações senão o desejo do Céu? Os nossos suspiros são suspiros por Deus como as crianças suspiram pela mãe.

BEECHER (Henry)

11

Deus está sempre em tudo, vivificando e iluminando os seres. Quem se deixa iluminar pelos seus raios da Sabedoria Divina, chegará ao conhecimento e imortalidade.

Aqueles que Me adoram e a Mim se dedicam, esses estão em Mim e Eu neles. Se um grande pecador a Mim se dirige e Me dedica o amor de sua alma, é digno de louvor, porque procura a verdade. Em breve ele encontrará a Paz eterna.

BHAGAVAD GITA

12

A vida nos foi dada por Deus para a empregarmos em benefício da Humanidade.

BULOW

13

Deus não pretende que seus filhos vivam na pobreza, doença ou qualquer outra condição penosa. Cada um de nós tem dentro de si o poder de dizer e tornar-se aquilo que deseja. Quando primeiramente procurarmos o espírito de Deus em nosso íntimo e aprendermos a seguir a sua divina orientação, toda a felicidade e paz virão ao nosso encontro.

CADY (H.Einelle)

14

Não vês Deus, e no entanto o reconheces por meio de suas obras.

CÍCERO

15

Ignorante como sou em eletricidade, custa-me muito atribuí-la a Deus do que ao eletricista que, juntando dois fios, produz uma faísca menor do que a que fulgura entre nuvens e espaço. Por que hei de acreditar que o eletricista é capaz do prodígio de ligar o positivo e o negatiuo e fazer luz, e não em Deus, que produziu o eletricista?

CARLOS LACERDA

16

Se tens a certeza da existência de Deus e credes na sua misericórdia divina, por que te desalentas e te desesperas?

DÉCIO VALENTE

17

Peço, meu Deus, forças para as minhas tarefas, ousadia para olhar de frente o caminho, alegria que me ajude a levar a cabo o que almejo e um íntimo prazer em tudo que veja ou faça.

DICK (H.V.)

18

Ouve, Israel, o Senhor, nosso Deus, é o único Senhor. Amarás pois o Senhor teu Deus, de todo o teu coração, de toda a tua alma e com toda a tua força.

DEUTERONÔMIO 45, 46

19

É nossa conduta verdadeira e não a nossa crença aparente que nos identifica com Deus e os homens.

DINAMOR

20

Amigos, peçam a alegria a Deus. Sejam alegres como as crianças e como os pássaros no céu.

DOSTOIEVSKY

21

O Universo não é senão um vasto símbolo de Deus.

Quem tornar uma criança feliz durante uma hora coopera com Deus.

DWITH

22

Quando o homem concentra toda a sua energia no cumprimento do dever, aproxima-se de Deus.

Quando nos harmonizamos com Deus, com o ser infinito, fonte inesgotável de todo o bem, nem a nossa mente, nem o nosso espírito se deterioram.

Quando o homem é uno com Deus não precisa de súplicas.

O coração que tanto recebeu de Deus não confiará porventura no poder que dele dimana e lhe prolonga a vida?

EMERSON

23

Quando produzirdes alguma coisa lembrai-vos, de que não trabalhais para vosso proveito egoísta, mas que sois nesse momento representantes e embaixadores de Deus perante os homens, vossos irmãos.

ELIOT (George)

24

Começa todas as tuas ações e todos os teus compromissos com esta súplica: Conduzi-me, grande Júpiter, a vós! Destina para onde eu devo ir. Seguir-vos-ei com todo o meu coração e sem nenhuma tardança.

Peço, meu Deus, forças para as minhas tarefas, ousadia para olhar o caminho, alegria que me ajude a levar a cabo o que almejo, e um íntimo praxer em tudo que veja ou faça.

De que te queixas? A *Divindade te concedeu o que de maior, de mais nobre e mais divino existe, o poder de fazer o bem e o bom uso das tuas faculdades, e de achar em ti mesmo os tous verdadeiros bens.*

A primeira coisa que é preciso saber fazer é que há um Deus que governa tudo pela sua divina Providência.

EPITETO

25

Queres um segredo para ser feliz? Dá-te e serve os outros, sem esperança que te agradeçam.

MONSENHOR ESCRIVÁ

26

Alguns filósofos querem dar explicações prescindindo da alma e de Deus; tanto vale querer dar explicações sobre a cor, suprimindo a vista e a luz.

FABRE

27

Não existe coisa mais próxima nem mais distante, mais oculta e universal do que Deus.

FREI LUIZ DE GRANADA

28

Não maldigas o teu fado. Confia em Deus.

LILINHA FERNANDES

29

Mais análogo serei a Deus, seja ele quem for, /Porque seja ele quem for, com certeza que é tudo /E fora dele há só Ele, e tudo para Ele é pouco.

Cada alma é uma escada para Deus, / Cada alma é um corredor Universo para Deus, / Cada alma é um rio por margem do Externo para Deus, em Deus com um sussurro noturno.

Sursum corda*! Erguei as almas! Toda a Matéria é Espírito.*

FERNANDO PESSOA

30

Sereis como Deus, conhecendo o bem e o mal.

GÊNESIS, 3, 5

31

A razão conduz inexoravelmente a Deus, e o milagre nem tira nem acrescenta nada à suprema verdade de sua existência.

GREGÓRIO MARÓN

32

Tu és um reflexo de Deus. Quanto mais te aproximares desta idéia, tanto mais o teu potencial divino se atualizará.

GOLDSMITH

33

Meu Deus! É longa a arte / E nossa vida é curta.

GOETHE

34

A crença em Deus é um reflexo da razão no meio da nossa ignorância, como a luz da lua é um reflexo do sol no meio das trevas.

GONÇALVES MAGALHÃES

35

O espia que Deus traz em cada um de nós é a nossa consciência.

GUERRA JUNQUEIRO

36

Graças vos dou, Senhor, por serdes a fonte que dimana todo o bem que me sucede.

Os que esperam no Senhor renovam suas forças, sobem com asas de águias, correm e não se cansam, caminham e não se fatigam.

ISAÍAS

37

Se Deus não existisse, o homem seria um simples autômato. O orgulho moral torna-se impossível em face de tal noção. A dignidade só poderia entrar em seu espírito pela noção contrária, de que ele é uma criatura livre.

JOAQUIM NABUCO

38

Como não ter Deus?! Com Deus existindo, tudo dá esperança: sempre um milagre é possível, o mundo se resolve. Mas, se não tem Deus, há de a gente perdidos no vaivém, a vida é burra.

JOÃO GUIMARÃES ROSA

39

A imortalidade da alma é a última palavra da ciência.

JULIO SIOMON

40

Tudo é Deus! Tudo é Deus. O mais são nomes.

JUNQUEIRA FREIRE

41

Bem debaixo, Senhor da tua asa,/ Coloca a nossa casa,/Nossa mesa abençoa,/E leite e linho,/Guarda o nosso caminho./ Brote, em torno, o jardim frutos, flores,/ Nossa boca, louvores./ Conserva pura a fonte de cristal. / Repele o incêndio; a peste, a inundação,/ Reine a paz e a união./Bem haja na janela o azul do dia./Na parede, Maria./ Encontre a noite quieta e a luz acesa./ Quente sopa na mesa./Batem à porta o pobre e o viajor,/E tu mesmo, Senhor,/ Tranqüilo seja o sono sob a cruz/Que o outro sol conduz.

MARCOS BARBOSA (Dom)

42

Onde há fé, há amor; onde há amor, há paz; onde há paz, há Deus; onde há Deus, nada falta.

MARDEN

43

O ateu é como o enjeitado que não conhece seu pai; é como

o animal bruto, comensal do banquete da natureza, que não cuida nem pergunta pelo seu benfeitor.
MARQUÊS DE MARICÁ

44

Deus é como o vento que passa. Sentimo-lo por toda a parte e não o vemos em nenhum lugar.
NORMAND (Jacques)

45

Deus te Abençoe e te guarde.
NÚMEROS

46

Aquele que confia em Deus é feliz.
PROVÉRBIO

47

Todo o homem se submeta às autoridades constituídas, pois não há autoridade que não venha de Deus.

Quem és tu, ó homem, para discutir com Deus? Vai acaso a obra dizer ao artífice por que me fizeste assim?
SÃO PAULO

48

Pois de todos adorado,/Em todo o tempo, em todo clima,/ Por santos, selvagens e sábios./ Jeová, Júpiter ou Senhor/ Tu grande primeira causa, menos compreendida,/Que limitaste toda a minha percepção,/ A saber apenas isto: que tu és bom,/ E que eu mesmo sou cego.
POPE (Oração Universal)

49

Deus fica perto de onde as pessoas demonstram amor umas às outras.
PESTALOZZI

50

Os céus proclamam a glória de Deus e o firmamento anuncia as obras de suas mãos.
SALMO

51

Chamei por ti e tu ouviste-me.
SALMO DE DAVID

52

No seio do homem virtuoso existe Deus.
SÊNECA

53

Eu creio em Deus. Na vida incerta./ Que seria de nós, se ele não fora/ A nossa esperança, a nossa estrada aberta.
SIMÕES DIAS

54

Quando o corpo e as coisas estão em repouso é que o senhor opera. A consciência é a presença de Deus.
SWEDENBORG

55

O Universo é um pensamento de Deus.

SCHILLER

56

Deus é o invisível evidente.

A voz de Deus nos diz constantemente: Meu filho, reconhece-me em todos os teus caminhos, e no grau em que assim faças, no grau em que assim vivas, será teu tudo que é meu.

TRINE R. W.

57

Tudo que está sobre a Terra condensa-se num único grito para afirmar a existência de Deus.

VICTOR HUGO

58

Deus percorre um caminho misterioso/Para executar os seus milagres/ Deixa pegadas na água,/E cavalga a tempestade.

WILLIAM COWPER

59

Não há nada no mundo que me faça infeliz desde que creio em Deus e em mim próprio, feito à imagem do Criador.

WILLING (Hans)

60

Deus pôs o trabalho de sentinela à virtude.

De noite, o ateu crê em Deus pela metade.

YOUNG.

CRUZANDO O LIMIAR
DA ESPERANÇA
João Paulo II
Formato: 14 x 21
210 páginas
Livraria Francisco Alves
Editora
Tel.: (021) 221-3198
Rio de janeiro
1995
(Ver pág.117)

Deus e João Paulo II

JOÃO PAULO II / VITTORIO MESSORI

Este capítulo foi extraído do livro Cruzando o Limiar da Esperança (Varcare La Soglia Della Speranza)*, editado pelo jornalista Vittorio Messori, em 1994, com* copyright *de Arnoldo Mondadore Editore S.p.A., Milan, e publicado no Brasil pela Livraria Francisco Alves Editora S.A. (021 221-3198), Rio de Janeiro. O texto foi traduzido para as principais línguas do mundo.*

Cruzando o Limiar da Esperança *é um livro de perguntas e respostas. São depoimentos de Sua Santidade João Paulo II. A redação final foi reexaminada e aprovada pelo próprio Papa na versão que é publicada em italiano.*

Para informação e alegria de nossos leitores, selecionamos e reproduzimos aqui os capítulos 4, 5, 6, 7 e 10, que se referem à existência de Deus — assunto deste nosso livro-clipping.

Existe verdadeiramente um Deus no Céu?

PERGUNTA

A fé daqueles cristãos católicos de que Vossa Santidade é pastor e mestre (embora como "vice" daquele único Pastor e Mestre) tem três "graus", três "níveis" intimamente ligados entre si: Deus, Jesus Cristo, a Igreja.

Com efeito, todo cristão crê que Deus existe.

Assim, todo cristão crê que esse Deus não apenas falou, mas assumiu carne humana em uma figura histórica, no tempo do Império Romano: Jesus de Nazaré.

Mas, entre os cristãos, um católico vai mais longe: ele crê que esse Deus e esse Cristo vivem e atuam — como em um "corpo", para usar um termo do Novo Testamento — na Igreja, cujo Chefe visível, na Terra, é atualmente Vossa Santidade, o Bispo de Roma.

A fé, sem dúvida, é um dom, uma graça divina. Mas dom divino é também a razão. Segundo as antigas exortações dos santos e doutores da Igreja, o cristão "crê para compreender", mas é também chamado a "compreender para crer".

Vamos começar então do princípio. Santidade: ficando — se possível, ao menos por enquanto — em uma perspectiva humana, pode (e como) o homem chegar a esta convicção: existe verdadeiramente um Deus?

RESPOSTA

A sua pergunta aborda, no final das contas, a *distinção pascaliana* entre o Absoluto, ou seja, o *Deus dos filósofos* (os libertins racionalistas), e o *Deus de Jesus Cristo*; e, antes d'Ele, o Deus dos Patriarcas: de Abraão a Moisés. *Somente este segundo é o Deus vivo.* O primeiro é fruto do pensamento humano, da especulação humana, que se acha em condição, aliás, de dizer algo de válido sobre Ele, como também o recordou a Constituição conciliar sobre a Divina Revelação, *Dei Verbum* (nº 3). Todos os tipos de argumento da razão, afinal, seguem o caminho indicado pelo Livro da Sabedoria e pela Carta aos Romanos: do mundo visível ao Absoluto invisível.

Por esse caminho vão prosseguindo, de modo diverso, Aristóteles e Platão. *A tradição cristã anterior a Tomás de Aquino* e, portanto, também Agostinho estavam mais ligados a Platão, do qual todavia ele quis, e com razão, distanciar-se. Para os cristãos, o Absoluto filosófico, considerado como o Ser Primeiro, ou Sumo Bem, não tinha muito sentido. Para que se embrenhar nas especulações filosóficas sobre Deus perguntavam-se eles — se o próprio Deus vivo havia falado, não só pelos profetas, mas também pelo seu próprio Filho? *A teologia dos Padres*, especialmente no Oriente, vai se afastar sempre mais de Platão e, em geral, dos filósofos. A própria filosofia, no Cristianismo do Oriente europeu, acaba por se resolver em teologia (assim, por exemplo, nos tempos modernos, acontece com Vladimir Soloviev).

São Tomás, porém, não abandona o caminho dos filósofos. E principia a *Summa Theologiae* com a pergunta: "*An Deus sit?*" Deus existe? (cf. I,q.2,a.3). A mesma que você me faz. E tal pergunta se mostrou muito útil. Não apenas deu origem à teodicéia, mas toda a civilização ocidental, celebrada como a mais desenvolvida, *acompanhou o ritmo desta pergunta*. E ainda que hoje, infelizmente, a *Summa theologiae* tenha sido um pouco esquecida, a pergunta inicial permanece e continua ressoando em nossa civilização.

A esta altura é preciso citar na íntegra uma passagem da *Gaudium et spes* do Concílio Vaticano II: "Na verdade os desequilíbrios que atormentam o mundo moderno se vinculam com aquele desequilíbrio mais fundamental radicado no coração do homem. Com efeito, no próprio homem muitos elementos lutam entre si. Enquanto, de uma parte, porque criatura, percebe-se limitado de muitas maneiras, por outra parte, porém, sente-se ilimitado nos seus desejos e chamado a uma vida superior. Atraído por muitas solicitações, é ao mesmo tempo obrigado a escolher entre elas, renunciando a algumas. Pior ainda: enfermo e pecador, não raro faz o que não quer, não fazendo o que desejaria. Em suma, sofre a divisão em si mesmo, da qual se originam tantas e tamanhas discórdias na sociedade... Contudo, diante da evolução atual do mundo, *cada dia são mais numerosos os que formulam perguntas primordialmente fundamentais ou as percebem com nova acuidade. O que é o homem?* Qual é o significado da dor; do mal, da morte, que apesar de tanto progresso conseguido, continuam a subsistir? Para que aquelas vitórias, conseguidas a tanto custo? O que pode o homem trazer para a sociedade e dela esperar? O que se seguirá depois desta vida terrestre? A Igreja, porém, acredita que Cristo, morto e ressuscitado para todos, pode oferecer ao homem, por seu Espírito, a luz e as forças que lhe permitirão corresponder à sua vocação suprema. Ela crê que não foi dado aos homens sob o céu outro nome no qual seja possível se salvarem. Acredita igualmente que *a chave, o centro e o fim de toda a história humana se encontram no seu Senhor e Mestre.*" (GS 10).

Esta passagem conciliar é imensamente rica. Aí se nota claramente que *a resposta é pergunta: "An Deus sit?" não é somente uma questão que diz respeito à inteligência, mas é, ao mesmo tempo, uma questão que se refere a toda a existência humana.* Depende de muitas situações, nas quais o homem procura o significado e o sentido da própria existência. A pergunta sobre a existência de Deus se acha intimamente ligada à *finalidade da existência humana.* Não é só uma questão intelectual, mas também *uma questão da vontade do homem, ou melhor, uma questão do coração humano (as raisons du coeur* de Blaise Pascal). Penso que se considera, injustamente, que a posição de São Tomás se esgote no âmbito racional. É necessário, na verdade, dar razão a Etienne Gilson, quando afirma com Tomás que a inteligência é a criação mais maravilhosa de Deus, mas isto não significa de jeito algum cair em um racionalismo unilateral. Tomás é o fautor de toda a riqueza e complexidade de cada ser criado, e especialmente do ser humano. Pena que seu pensamento tenha sido posto de lado no período pós-onciliar; ele, com efeito, não deixa de ser o *mestre do universalismo filosófico e teológico.* Em tal contexto é preciso também ler as suas *quinque viae,* as cinco vias que levam a responder à pergunta: *"An Deus sit?"*

"Provas": Ainda teriam validade?

PERGUNTA

Permita-me breve pausa. Não discuto, é claro, a indubitável validade filosófica, teórica, de tudo o que Sua Santidade começou a expor. Mas esta maneira de argumentar teria ainda algum significado concreto para o homem de hoje interrogando-se sobre Deus, sobre a Sua existência e Sua essência?

RESPOSTA

Diria: hoje mais que nunca. Certamente, mais que em épocas recentes. Com efeito, a *mentalidade positivista,* que se desenvolveu orgulhosamente no ponto de interseção dos séculos XIX e XX, hoje *se acha em certo sentido em recessão.* O homem contemporâneo começa a redescobrir o *Sacrum,* ainda que nem sempre saiba darlhe o Nome correto.

O positivismo não foi apenas uma filosofia, nem apenas uma metodologia foi sobretudo uma das *escolas da suspeita* que a época moderna viu florescer e prosperar. O homem é verdadeiramente capaz de conhecer algo que escape aos seus olhos ou imperceptível aos seus ouvidos? Existe alguma outra ciência fora do saber estritamente empírico? As capacidades da razão humana se acham totalmente submetidas ao império dos sentidos e internamente regidas pelas leis da matemática, que se mostraram particularmente úteis para ordenar os fenômenos de maneira racional, como também para guiar os processos do progresso técnico?

Olhando as coisas pela ótica positivista, conceitos como, por exemplo, *Deus* ou *alma* simplesmente não tem sentido algum. Nada, com efeito, corresponde a esses conceitos no âmbito da experiência sensorial.

Justamente esta ótica, ao menos em certos campos, se acha atualmente em recessão. Pode-se constatá-lo até mesmo confrontando entre si as primeiras e as últimas obras de Ludwig Wittgensetin, o filósofo austríaco da primeira metade do nosso século.

Ninguém de resto se surpreende pelo fato de o conhecimento humano ser, em primeira instância, um conhecimento sensorial. Nenhum clássico da filosofia, nem Platão nem Aristóteles, tinha dúvidas a esse respeito. O realismo cognitivo, tanto o assim chamado realismo ingênuo como o realismo crítico estão de acordo ao afirmar que "*nihil est in intellectu auod prius non fuerit in sensu*" (nada existe na inteligência que antes não tenha passado pelos sentidos). Todavia *os limites de tais "sensus" não são exclusivamente sensoriais*. Sabemos, efetivamente, que o homem conhece não apenas as cores, os tons, ou as formas, mas conhece os objetos *globalmente*: por exemplo, não apenas um conjunto de qualidades relativas ao objeto "homem", mas também o homem em si mesmo (sim, o homem como pessoa). Conhece, portanto, *verdades extra-sensoriais* ou, noutras palavras, *transempíricas*. Também não se pode tampouco afirmar que tudo aquilo que é transempírico deixe de ser empírico.

Deste modo, pode-se falar com sólido fundamento de *experiência humana*, de *experiência moral* ou de *experiência religiosa*. E se é possível falar de tais experiências, é dificil negar que na órbita das experiências humanas se acham também o bem e o mal, se acham também a verdade e a beleza, se acha igualmente Deus. Em Si mesmo, Deus certamente não é objeto empírico, da experiência sensorial humana; é isto que, a seu modo, também se frisa na *Sagrada Escritura*: "A Deus ninguém nunca viu (nem pode ver)" (cf. Jo 1,18). Se Deus é objeto de conhecimento, Ele o é — como ensinam unanimemente o Livro da Sabedoria e a Carta aos Romanos — com base na experiência que o homem faz tanto do mundo visível como do seu próprio mundo interior. E aqui Emanuel Kant, abandonando o velho caminho desses livros bíblicos e de São Tomás de Aquino, envereda pelo caminho da experiência ética. O homem se reconhece como *um ser ético*, capaz de agir segundo os critérios do bem e do mal, e não apenas pelos critérios do lucro e do prazer. Também se reconhece como *ser religioso*, capaz de entrar em contato com Deus. A pergunta — de que se falou acima — é, em certo sentido, a primeira verificação desta realidade.

O pensamento contemporâneo, afastando-se das convicções positivistas, deu passos notáveis na descoberta sempre mais completa do homem reconhecendo, entre outras coisas, o valor da linguagem metafórica e simbólica. A hermenêutica contemporânea — como se encontra, por exemplo, na obra de Paul Ricoeur ou, de outra maneira, na obra de Emmanuel Lévinas — nos mostra sob novos prismas a verdade sobre o mundo e sobre o homem.

Quanto mais o positivismo nos afasta desta mais completa compreensão e, em certo sentido, dela nos exclui, tanto mais a hermenêutica, que aprofunda o sentido da linguagem simbólica, nos permite encontrá-la novamente e até, de certo modo, aprofundá-la. E o dizemos, é claro, sem querer de modo algum negar a capacidade de razão para fazer enunciados conceituais verdadeiros sobre Deus e sobre as verdades da fé.

Por isso, para o pensamento contemporâneo é tão importante a *filosofia da religião*: por exemplo, a de Mircea Eliade e, entre nós, na Polônia, a do Arcebispo Marian Jaworski e da escola de Lublin. *Somos testemunhas de um sintomático retorno à metafísica (filosofia do ser) através da antropologia integral.* Não se pode pensar adequadamente o homem sem a referência, que lhe é constitutiva. a Deus. E é isto que São Tomás definia como o *actus essendi* com a linguagem da *filosofia da existência*. A filosofia da religião usa para exprimir a mesma coisa as categorias da *experiência antropológica*.

Para essa experiência deram enorme contribuição *os filósofos do diálogo*, como Martin Buber ou o já citado E. Lévinas. E agora já estamos de novo muito perto de São Tomás, mas o caminho passa não apenas através do ser e da existência mas sobretudo através das pessoas e encontro entre elas: através do "eu" e do "tú." Esta é uma dimensão fundamental da existência do homem, que é sempre coexistência.

Onde aprenderam isso os filósofos do diálogo? Aprenderam-no, antes de tudo, da experiência da Bíblia. Toda a vida humana e um *"co-existir"* na *dimensão cotidiana* — "tu" e "eu" — e também na *dimensão absoluta e definitiva*: "eu" e "TU". A tradição bíblica orbita em torno deste TU, que é antes de mais nada o Deus de Abraão, Isaac e Jacó, o Deus dos Patriarcas, e depois o Deus de Jesus Cristo e dos Apóstolos, o Deus da nossa fé.

Nossa fé profundamente antropológica, radicada constitutivamente na coexistência, na comunidade do povo de Deus, e na comunhão com este eterno TU. Tal coexistência é essencial para a nossa tradição judeu-cristã e provém da iniciativa do próprio Deus. Ela está na linha da criação, da qual é o prolongamento, e é — como ensina o Apóstolo Paulo — ao mesmo tempo "a eterna eleição do homem no Verbo que é o Filho" (cf. Ef 1,4).

Mas se existe, por que se esconde?

PERGUNTA

Deus, portanto, existe. Mas, então, não seria talvez compreensível o protesto de muitos, tanto ontem como hoje: por que não Se revela mais claramente? Por que não dá provas palpáveis e a todos acessíveis de Sua existência? Por que a sua estratégia misteriosa parece ser a de brincar de esconde-esconde com Suas criaturas?

Existem razões para crer, certo; mas — como afirmaram e afirmam muitos — há igualmente razões para duvidar ou, mesmo, para negar. Não seria mais simples se a Sua existência fôsse evidente?

RESPOSTA

Penso que as perguntas que você me dirige — e que de resto muitos também levantam — não têm como ponto de referência nem São Tomás nem Santo Agostinho, nem toda a grande tradição judeu-cristã. Parece-me que surgem, antes, em outro terreno, *o puramente racionalista, que é próprio da filosofia moderna.* E a sua história começa com René Descartes. Este, por assim dizer, separou o pensar do existir e o identificou com a própria razão: *"Cogito, ergo sum"* (Penso, logo existo).

Como é diferente a impostação de Tomás de Aquino, para o qual não é o pensar que decide a existência, mas é a existência, o "esse", que decide o pensar! Penso do modo que penso, porque sou o que sou — isto é, uma criatura — e porque Ele é Aquele que é, isto é, o Absoluto Mistério não criado. Se Ele não fôsse Mistério, não haveria necessidade da Revelação ou melhor, falando de modo mais rigoroso, da *auto-revelação de Deus.*

Se o homem, com sua inteligência criada e com os limites da própria subjetividade, pudesse superar toda a distância que separa a criatura do Criador, o ser contingente e não necessário do Ser Necessário ("aquele que não é", segundo a célebre palavra dirigida por Cristo a Santa Catarina de Sena, "d'Aquele que é": cf. Raimundo de Cápua, *Legenda maior*, 1,10,92), somente então as suas perguntas seriam fundadas.

Os pensamentos que o afligem, e que aparecem também nos seus livros, são expressos com uma série de perguntas. Não são apenas suas: você pretende ser o porta-voz dos homens da nossa época, pondo-se ao lado deles pelos caminhos — às vezes difíceis e complicados, às vezes aparentemente sem saída — de sua procura de Deus. A sua inquietude se exprime na pergunta: *Por que faltam provas mais seguras para a existência de Deus? Por que é que Ele parece esconder-Se, como que brincando com a Sua criatura? Não deveria ser tudo muito mais simples, a Sua existência não deveria ser algo evidente?* São perguntas que pertencem ao repertório do *agnosticismo contemporâneo.* O agnosticismo não é ateísmo, em particular não é um ateísmo programático, como o era o ateísmo marxista e, em outro contexto, o ateísmo da época iluminista.

Mesmo assim, as suas perguntas contêm *formulações em que se ouvem ecos do Antigo é do Novo Testamento.* Quando você fala do Deus que Se esconde, usa praticamente a mesma linguagem de Moisés, que desejava ver Deus face a face, mas só conseguiu vê-l'O "pelas costas" (cf. Ex 33,23). Não se estaria indicando aqui o conhecimento através da criação?

Quando então fala de "brincadeira", vêem-me à mente as palavras do Livro dos Provérbios, que mostram a Sabedoria ocupada "divertindo-se em companhia dos filhos dos homens no orbe terrestre" (cf. Pr 8,31). Isto não quer dizer que a Sabedoria de Deus se dá às criaturas mas, ao mesmo tempo, não lhes desvela todo o Seu mistério?

A auto-revelação de Deus se efetua em particular no Seu "humanizar-se". Mais uma vez, a grande tentação é efetuar, segundo as palavras de Ludwig Feuerbach, a clássica redução do que é divino ao que é humano. As palavras são de Feuerbach, um dos próceres do ateísmo marxista, mas — *ut minus sapiens*, "falando como um louco" (cf. 2Cor 11,23) — *a provocação vem do próprio Deus*, pois Ele verdadeiramente se fez homem no Seu Filho, que nasceu da Virgem Maria. Precisamente neste nascimento, e mais tarde através da Paixão, da Cruz e da Ressurreição, a auto-revelação de Deus na história do homem atingiu o seu zênite: a revelação do Deus invisível na humanidade visível de Cristo.

Ainda no primeiro dia da Paixão os Apóstolos pediam a Cristo: "Mostra-nos o Pai" (Jo 14,8). Sua resposta é até hoje uma resposta-chave "Como dizeis: "Mostranos o Pai?", Não credes que eu estou no Pai e o Pai está em mim?... Crede em mim... Ao menos, crede por causa des obras... Eu e o Pai somos um." (cf. Jo 14, 9-11; 10, 30).

As palavras de Cristo vão muito longe. Aqui estamos, por assim dizer, diante de uma *experiência direta*, aquela a que aspira o homem contemporâneo. Mas esta imediaticidade não é o conhecimento de Deus "face a face" (l Cor 13,12), o conhecimento de Deus como Deus.

Procuremos ser, em nosso raciocínio, imparciais: *poderia Deus ir mais longe em Sua condescendência, no Seu aproximar-se do homem* e das capacidades cognoscitivas humanas? Na verdade, *parece que foi tão longe quanto era possível. Era impossível ir além*! Em certo sentido, Deus foi até longe demais! Cristo não chegou a se tornar "escândalo para os judeus, loucura para os pagãos"? (l Cor 1,23). Justamente por chamar a Deus de seu Pai, por revelá-l'O tão abertamente em Si mesmo, não podia deixar de despertar a impressão de estar exagerando... O homem não estava então em condição de suportar tamanha proximidade, e começaram os protestos.

Este grande protesto tem nomes precisos: primeiro se chamava Sinagoga e depois Islanismo. Nenhum deles pode aceitar um Deus tão humano. "Isto não combina com Deus!", protestam eles. "Ele tem que permanecer absolutamente transcendente, deve permanecer pura Majestade. Certamente. Majestade cheia de misericórdia, mas não ao ponto de pagar as culpas da própria criatura, seus pecados."

Olhando de um certo ponto de vista, é correto, portanto, dizer que Deus se desvelou até demais ao homem, no que tem de mais divino, no que é a Sua vida íntima: desvelou-se no Próprio mistério. Não se preocupou com o fato de que tal *desvelamento O ofuscaria de certo modo aos olhos do homem, porque o homem não é capaz de suportar o excesso do Mistério.* Não quer ser por ele ultrapassado nem vencido. Sim, o homem sabe que Deus é Aquele no qual "vivemos, nos movemos e existimos" (cf. At 17,28); mas por que isso deveria ser confirmado por Sua Morte e Ressurreição? Todavia escreve São Paulo: "Mas se Cristo não ressuscitou, é vã nossa pregação, é vã nossa fé." (1 Cor 15,14).

Jesus-Deus: pretensão excessiva?

PERGUNTA

Do "problema" de Deus passemos agora decisivamente para o "problema" de Jesus, como de resto Sua Santidade já começou a fazer.

Por que Jesus não poderia ser apenas um sábio, como Sócrates? Ou um profeta, como Maomé? Ou um iluminado, como Buda? Como se pode sustentar a certeza inaudita de que esse judeu condenado é morte em obscura província do Império Romano seja o filho de Deus, da mesma natureza do Pai? Esta pretensão cristã não tem paralelos, por sua radicalidade, em nenhuma outra crença religiosa. O próprio São Paulo a define como "escândalo e loucura".

RESPOSTA

São Paulo tem a profunda convicção de ser Cristo *absolutamente original, ser único e irrepetível.* Se fosse apenas um sábio como Sócrates, se fosse um "profeta" como Maomé, se fosse apenas um "iluminado" como Buda, sem dúvida não seria o que é. Ele é *o único mediador entre Deus e os homens.*

É Mediador pelo fato de ser Deus-Homem. Traz em Si todo o íntimo mundo da divindade, todo o Mistério trinitário e ao mesmo tempo o mistério da vida no tempo e na imortalidade. é verdadeiro homem. NEle o divino não se confunde com o humano. Permanece algo essencialmente divino.

Mas Cristo, ao mesmo tempo, é tão humano! Graças a isto, *todo o mundo dos homens, toda a história da humanidade encontra nEle a sua expressão diante de Deus.* E não diante de um Deus distante, inatingível, mas diante de um Deus que está nEle; ou melhor, que é Ele mesmo. Isto não existe em nenhuma outra religião nem, muito menos, em qualquer filosofia.

Cristo é irrepetível! Não fala

apenas, como *Maomé*, promulgando princípios de disciplina religiosa, a que devem ater-se todos os que adoram a Deus. Cristo não é também simplesmente um sábio no sentido em que o foi *Sócrates*, cuja livre aceitação da morte em nome da verdade tem, no entanto, traços de semelhança com o sacrifício da cruz.

Menos ainda é parecido com *Buda*, com sua negação de todo o mundo criado. Buda tem razão ao não ver a possibilidade de salvação para o homem na criação, mas se engana quando por esse motivo recusa a todo o mundo criado qualquer valor para o homem. Cristo não faz isto nem pode fazê--lo, pois é a *testemunha eterna do Pai e daquele amor que o Pai tem por Sua criatura desde o início*. O Criador, desde o princípio, vê um múltiplo bem na obra criada. Vê-o especialmente no homem criado à sua imagem e semelhança: vê este bem, em certo sentido, através do Filho Encarnado. Vê-o como tarefa para Seu Filho e para todas as criaturas racionais. Lançandonos até o limite da visão divina, poderíamos dizer que Deus vê este bem, de modo particular, através da Paixão e da Morte do Filho.

E este bem será confirmado pela Ressurreição que, de fato, é o princípio de uma criação nova, da renovação em Deus de todo o universo criado, do destino definitivo de todas as criaturas. E tal destino se exprime no fato de que Deus será "tudo em todos" (1 Cor 15,28).

Cristo, desde o início, se acha no centro da fé e da vida da Igreja. E também no centro do magistério e da teologia. Quanto ao magistério, é preciso reportar-se a todo o primeiro milênio, a partir do I Concílio de Nicéia, passando pelos de Éfeso e Calcedônia, e depois até o II Concílio de Nicéia, conseqüência dos anteriores. Todos os concílios do primeiro milênio giram em torno do mistério da Santíssima Trindade, compreendendo a processão do Espírito Santo; mas *todos, na Sua raiz, são cristológicos*. Desde que Pedro confessou: "Tu és o Cristo, o Filho do Deus vivo" (Mt 16,16), Cristo se achou no centro da fé e da vida dos cristãos, no centro do testemunho deles, que muitas vezes foi até o extremo do derramamento de sangue.

Graças a esta fé, a Igreja conheceu uma crescente expansão, apesar das perseguições. E a fé progressivamente foi cristianizando o mundo antigo. E mesmo que mais tarde tenha aparecido a ameaça do arianismo, a verdadeira fé em Cristo,

Deus-Homem, segundo a confissão de Pedro em Cesaréia de Filipe, não cessou de ser o centro da vida, do testemunho, do culto e da liturgia. *Poder-se-ia falar de uma concentração cristológica do Cristianismo, que ocorreu já desde o início.*

Isto se refere, antes de tudo, é fé e diz respeito é tradição viva da Igreja. Uma expressão peculiar da mesma se dá no culto mariano e na mariologia: Foi concebido do Espírito Santo, nasceu de Maria Virgem (*Credo*). *A marianidade e a mariologia da Igreja não são senão outro aspecto da mencionada concentração cristológica.*

Sim, importa nunca se cansar de repeti-lo. Apesar de alguns aspectos convergentes, Cristo não se assemelha nem a Maomé, nem a Sócrates, nem a Buda. *É absolutamente original e irrepetível.* A originalidade de Cristo, indicada nas palavras pronunciadas por Pedro em Cesaréia de Filipe, constitui o centro da fé da Igreja expressa no Símbolo: "Creio em Deus Pai todo-poderoso; Criador do céu e da Terra; *e em Jesus Cristo, Seu único Filho, nosso Senhor, o qual foi concebido do Espírito Santo, nasceu de Maria Virgem,* padeceu sob Pôncio Pilatos, foi crucificado, morto e sepultado; desceu à mansão dos mortos, ressuscitou ao terceiro dia, subiu ao céu, está sentado à direita de Deus Pai todo-poderoso (...)"

Este assim chamado Símbolo apostólico é a expressão da fé de Pedro e de toda a Igreja. Desde o IV século entrará no uso catequético e litúrgico o *Símbolo nicenoconstantinopolitano*, que lhe amplia o ensinamento. Amplia-o levando em conta a maior consciência que a Igreja alcança, penetrando progressivamente na cultura helênica e percebendo, portanto, com maior clareza a necessidade de impostações doutrinais adequadas e convincentes para aquele mundo.

Em Nicéia e Constantinopla, portanto, afirmou-se que "Jesus Cristo é o Filho Unigênito do Pai eterno, gerado e não criado, consubstancial ao Pai, e por meio do qual todas as coisas foram criadas".

Essas formulações não são simplesmente fruto do helenisémo, *mas provêm diretamente do patriménio apostólico.* Se queremos procurar a sua *fonte*, vamos encontrá-la, *antes de tudo, em Paulo e em João.*

A cristologia de Paulo é extraordinariamente rica. O seu ponto de partida é constituído pelo acontecimento que se verificou na estrada de Damasco. Naquela circunstância, o jovem fariseu foi ferido pela cegueira mas, ao mesmo tempo, com os olhos da alma, viu toda a verdade sobre o Cristo Ressuscitado. E depois exprimiu essa verdade em suas Cartas.

As palavras da profissão de fé de Nicéia não são mais que o reflexo da doutrina de Paulo. Nelas se compendia, aliás, também a herança de João, particularmente a doutrina contida no Pró-logo (cf. Jo 1,1-18), mas não somente ali. Todo o Evangelho de João, e também suas Cartas, são um testemunho da Palavra de Vida, atestam "aquilo que ouvimos, o que vimos com os olhos,o que contemplamos e nossas mãos apalparam" (l Jo 1,1).

Sob certo aspecto, João tem maiores créditos que Paulo por ser testemunha qualificada, embora o testemunho de Paulo seja particularmente impressionante. É importante este confronto entre Paulo e João. João, com efeito, escreveu mais tarde. Paulo primeiro. Portanto, é sobretudo em Paulo que se devem procurar as primeiras expressões da fé.

E não apenas em Paulo, *mas também em Lucas*, que era discípulo de Paulo. Em Lucas, de fato, encontramos a frase que poderia ser considerada quase como uma *ponte entre Paulo e João*. Estou me referindo às palavras que Cristo pronunciou — como anota o Evangelista —: "sentindo-se inundar de alegria no Espírito Santo" (cf. Lc 10,21) — "Graças te dou, Pai, Senhor do céu e da Terra, porque escondeste estas coisas dos sábios e prudentes, e as revelaste aos pequeninos... Ninguém conhece quem é o Filho, senão o Pai, e quem é o Pai, senão o Filho e aquele a quem o Filho quiser revelar" (Lc 10,21-22). Lucas diz aqui a mesma coisa que Mateus coloca nos lábios de Jesus falando com Pedro: "Nem, a carne nem o sangue te revelaram, mas meu Pai que está no céu" (Mt 16,17). Mas, aquilo que Lucas afirma encontra um correspondente preciso nas palavras do Prólogo de João: "A Deus ninguém nunca viu. O Filho Unigênito que está no seio do Pai foi quem no-lo deu a conhecer" (Jo 1,18).

Esta verdade evangélica, aliás, reaparece em tantas passagens de João que fica difícil agora recordar. *A cristologia do Novo Testamento é "avassaladora"*. Os Padres, a Alta Escolástica, a teologia dos séculos posteriores *só tiveram que voltar, com espanto sempre novo, ao patrimônio recebido*, para então preparar e progressivamente desenvolver o seu aprofundamento.

Você deve lembrar-se que minha primeira Encíclica sobre

o Redentor do homem (*Redemptor hominis*) apareceu alguns meses depois da minha eleição, no dia 16 de outubro de 1978. Isto significa que na realidade eu levava *comigo* o seu conteúdo. Só precisei então, em certo sentido, "copiar" da memória e da experiência aquilo que eu já vivia no limiar do Pontificado.

Quero ressaltá-lo, porque a encíclica constitui a confirmação, de um lado, da *tradição das escolas* de que saí e, do outro, do *estilo da pastoral* a que ela se reporta. O mistério da Redenção é visto com os olhos da grande renovação do homem e de tudo aquilo que é humano, proposto pelo Concílio, especialmente na *Gaudium et spes*. A encíclica quer ser *um grande hino de alegria pelo fato de o homem ter sido remido por Cristo* remido na alma e no corpo. Esta redenção do corpo encontrou depois uma expressão especial na série de catequeses das quartas-feiras: *"Macho e fêmea os criou"*. Talvez até fosse melhor dizer: "Macho e fêmea os remiu!"

Um Deus-Amor: então, por que tanto mal?

PERGUNTA

Grandiosas perspectivas, fascinantes, e que para as pessoas de fé são certamente novas confirmações de sua esperança.

No entanto, não podemos ignorar como em todos os séculos também os cristãos, na hora da provação, fizeram a si mesmos uma pergunta atormentadora. Como se pode continuar confiando em um Deus que seria Pai misericordioso, em um Deus que — como revela o Novo Testamento e como Sua Santidade, apaixonadamente repete — seria o próprio Amor, diante do sofrimento, da injustiça, da doença, da morte, que parecem dominar a história universal do mundo, e a pequenina, cotidiana história de cada um de nós?

RESPOSTA

Stat crux dum volvitur orbis (A cruz permanece firme, enquanto o mundo gira). Como já afirmei antes, estamos justamente no centro da história da salvação. Você não poderia naturalmente esquecer aquilo que *é fonte de dúvidas que sempre voltam de novo*, não somente quanto é bondade de Deus, mas quanto é Sua própria existência. Como é que Deus permite tantas guerras, os campos de concentração e o holocausto?

O Deus que permite tudo isto é ainda verdadeiramente Amor, como o proclama São João na sua Primeira Carta? Será que Ele é justo para com Sua criação? Não coloca pesos demasiados sobre os ombros dos seres humanos? Não deixa o homem sozinho com esses pesos, condenandoo a uma vida sem esperança? Quantos doentes incuráveis nos hospitais, quantas crianças deficientes físicas, quantas vidas humanas totalmente fora da geral felicidade humana aqui na Terra, da felicidade que provêm do amor, do casamento, da família! Tudo isso junto cria um quadro sombrio, que encontrou sua expressão na literatura antiga e moderna. Basta lembrar Fiodor Dostoievsky, Franz Kafka ou Albert Camus.

Deus criou o homem dotado de razão e liberdade e, por isso mesmo; submeteu-se ao juízo dele. A história da salvação é também a história do incessante juízo do homem sobre Deus. *Não simplesmente das perguntas e dúvidas, mas de um verdadeiro juízo no sentido pleno do termo.* Em parte, o ôveterotesétamentárioão Livro de Jó é o paradigma deste juízo. A isto vem somar-se a intervenção do espírito maligno, que com perspicácia maior ainda se acha disposto a julgar não só o homem, mas também a ação de Deus na história da humanidade. É o que o próprio Livro de Jó confirma.

Scandalum crucis, o escândalo da Cruz. Nas perguntas precedentes, você havia colocado com precisão o problema: era necessário para a salvação do homem que Deus entregasse o Filho é morte na Cruz?

Tomando como pano de fundo aquilo sobre o que refletimos até aqui, devemos perguntar-nos: poderia ter sido de outro modo? Poderia Deus, digamos assim, *justificar-se diante da história da humanidade*, tão cheia de sofrimento, de outro modo senão pondo no centro dessa história justamente a Cruz de Cristo? Claro que uma resposta poderia ser: Deus não precisa justificar-se diante do homem. Basta que Ele seja onipotente. Nesta perspectiva, devese aceitar tudo o que Ele fez ou permite. Esta é a posição do Jó bíblico. Mas Deus que, além de ser Onipotência, é Sabedoria — vamos repeti-lo mais uma vez —, Amor, deseja, por assim dizendo, justificar-se diante da história da humanidade. Não é o Absoluto que está fora do mundo, e ao qual portanto é indiferente o sofrimento humano. é o Emanuel, o Deus-conosco, um Deus que compartilha a sorte do homem participa de seu destino. Aqui vem à luz outra insuficiência, ou melhor, a falsidade da imagem de Deus que o Iluminismo aceitou sem objeções. Quanto ao Evangelho, constituiu certamente um passo atrás, não na direção de um melhor conhecimento de Deus e do mundo, mas no sentido de sua incompreensão.

Não, absolutamente não! Deus não é alguém que se acha apenas fora do mundo, contente em ser em Si mesmo o mais sábio, o onipotente. *Sua sabedoria e onipotência se põem, por livre escolha, a serviço da criatura.* Se na história humana está presente o sofrimento, compreende-se porque Sua onipotência se manifestou *com a onipotência da humilhação mediante a Cruz.* O escândalo da Cruz é para sempre a chave de interpretação do grande mistério do sofrimento, que pertence de modo quase orgânico é história da humanidade.

Nisto concordam até os críticos contemporâneos do Cristianismo. Eles também vêem que o Cristo crucificado é uma *prova da solidariedade de Deus com o homem sofredor.* Deus fica ao lado do homem. E o faz de modo radical: "Aniquilou-se a si mesmo, assumindo a condição de servo, por solidariedade aos homens. E... humilhou-se, fazendo-se obediente até a morte, até a morte de cruz." (F1 2,7-8). Tudo se encerra nisto: todos os sofrimentos individuais e os sofrimentos coletivos, os sofrimentos causados pelas forças naturais e os causados pela livre vontade humana, as guerras e os *gulags*, e os holocaustos: o holocausto judeu, mas também, por exemplo, o holocausto dos escravos negros da África.

Leitura Recomendada

A essência do conceito clipping *é informar e motivar. Neste último capítulo deste livro* clipping, *apresentamos ao leitor comentários sobre os livros-matrizes, de onde os textos foram extraídos. Geralmente são prefácios ou introduções explicando a obra e sua finalidade.*

O conteúdo dos livros desta coleção é auto-suficiente, mas ao leitor que deseje conhecimentos mais completos, recomendamos a leitura dos livros-fonte — aliás, esta é uma das razões da "invenção" da coleção O Poder do Poder.

A maioria dos livros aqui recomendados encontra-se disponível em livrarias ou nas respectivas editoras.

Deus

HUBERTO ROHDEN — EDITORA MARTIN CLARET

Este iluminado livro de autoria do filósofo e educador Huberto Rohden é uma obra de rara beleza literária e filosófica.

Nas "orelhas" do livro, os editores registram estas palavras:

Que é Deus?

Esta é a mais dramática pergunta que o homem já formulou a si mesmo. O longínquo reconhecimento da existência desse Todo Um, desse "Ponto Ômega" — não experimentalmente demonstrável, mas necessariamente postulável —, leva o homem a esse incessante interrogar-se. E o homem sente que esta resposta vital deve ser auto-respondida.

Sendo o ser humano o ponto máximo da evolução inconsciente, começa, nele e com ele, a evolução consciente rumo à sua própria plenitude. É esta condição de criatura auto-consciente que inaugura e justifica a grande interrogação metafísica: Que é Deus?

Rohden — um profeta de nosso tempo, um místico-dinâmico, um verdadeiro pensador — sistematizador de um novo saber: a Filosofia Univérsica —, apresenta, aqui, a seus milhares de leitores, a 8ª edição, modificada, de seu livro enigmático: *Deus*. São profundos colóquios com o grande Anônimo de mil nomes sobre as angústias do homem e os enigmas do universo.

Ler este livro é viver, sofrer e "saber" Deus.

Paradoxalmente, Rohden afirma: "Ninguém pode achar Deus — mas Deus pode achar o homem que se torne achável. Ninguém pode descobrir Deus — mas Deus pode descobrir o homem, se este o permitir", e culmina, enigmaticamente: "O homem que teve o seu encontro com o grande Anônimo de mil nomes não deixa de o procurar incessantemente, e quanto mais o possui, tanto mais o procura, clamando angustiosamente pelo grande amor de sua alma, sempre presente e sempre ausente, não menos imanente que transcendente, tão deliciosamente propínqüo e tão dolorosamente longínqüo. É que a distância que medeia entre a finitude do homem e a infinitude de Deus é sempre infinita.

Dia virá, para as almas sinceras, em que o grande Anônimo terá um nome."

Rohden, como o apóstolo Paulo, inspiradamente, proclama: a grande resposta definitiva para o homem é a sua própria Plenitude (do grego *Pleroma*): "aquele que é o tudo em todos", "no qual tudo subsiste ", "por quem tudo foi feito", "no qual vivemos, nos movemos, e existimos.

A Plenitude é Deus consciente, é o Cristo, é Ômega, Alvo e Fim de si mesmo.

A Luz Que Não Se Apaga

KRISHNAMURTI — ICK INSTITUIÇÃO CULTURAL KRISHNAMURTI.

A Luz Que Não Se Apaga, a bem dizer, é a continuação da série de outros livros do mesmo autor já divulgados em nosso idioma, e a tecla em que atualmente mais toca Krishnamurti, além do "autoconhecimento", é a necessidade de morrermos a cada instante para as pretéritas experiências, boas ou más, do nosso viver cotidiano. Morrendo psicologicamente para o passado, e ignorando o futuro, viveremos no presente com o espírito renovado, juvenil, aberto à realidade. Destarte, com a mente descondicionada, inteiramente liberta, teremos paz ínlima e amor no coração.

Mas, consistirá nisso apenas a essência do ensino de Krishnamurti? Ou ele nos acena com outras promessas, com róseas perspectivas de que tudo dentro e fora de nós se modificará para melhor? Em verdade, não é seu único intuito propiciar-nos o ensejo de nos libertarmos perenemente do sofrimento? — Não é fácil exprimir em palavras a mensagem desse pensador, porque ela excede a descrição mais precisa, indo além do quanto se possa imaginar em matéria de sabedoria e como autêntica arte de viver. Só mesmo no domínio experimental se pode verificar a sua magna importância e utilidade, tanto ela concorre para tirar-nos da confusão e desordem em que ordinariamente vivemos.

Indicar-nos o caminho, eis o propósito desse grande orientador; porém, nós mesmos é que havemos de palmilhá-lo, se de fato desejamos mudar, vendo, antes, aquilo que efetivamente somos. Sem esta preliminar, será difícil a mudança ou a libertação, porquanto a desventura do homem decorre sempre de não perceber as próprias limitações. Deste modo, o principal mérito de Krishnamurti é suscitar-nos um novo estado de consciência, tornando-nos, através do "autoconhecimento", mais despertos, para melhor observarmos as nossas falhas, erros e recalques, habilitando-nos, assim, a compreendê-los e superá-los. Ver tudo "como é", inclusive a nós mesmos, tais como realmente somos, e não conforme pretendemos ser, constitui um dos pontos relevantes deste ensino. Porque esse "ver", esse "escutar", essa atenção natural nos faculta singular acuidade e nos propicia a energia e a força libertadora em todas as situações da vida.

Passa a humanidade, na época contemporânea, por uma crise árdua — crise de desânimo, de descontentamento, de amarguras e contradições de tédio e solitude interior, e muitos, nomeadamente a juventude, buscam nova inspiração para um viver criador. Com efeito, não são poucos os que procuram, hoje, nos consultórios dos psiquiatras e analistas, um meio seguro de sair desse caos espiritual. Conseguintemente, nesta fase conturbada e na qual se perdeu o senso dos lídimos valores, diversos benefícios nos pode oferecer a leitura desta obra.

Ela é, pois, um convite a uma séria reflexão sobre os problemas da humanidade e, colocando-nos o autor diante de nosso real e angustioso estado, possibilita-nos uma completa transformação. Essa transformação significa uma luz nova dentro de cada um de nós, luz que nos iluminará em todos os momentos da existência.

Experimentemos ouvir o que nos diz este notável pensador e, acima de tudo, busquemos alcançar, na prática diária, a valia do "autodescobrimento". Fazendo-o, prezado leitor, lhe surgirá uma rara placidez, sua percepção se ampliará, como também a sensibilidade e, então, nascerá dentro de você a inefável, a sublime chama do Amor. E, com ele, terá resolvido todos os problemas e conflitos.

Deus Existe?

DOMINIQUE MORIN — EDIÇÕES LOYOLA

Este pequeno livro de 64 páginas, editado pela Edições Loyola em 1995, faz parte da coleção Cadernos Loyola (volume 3). A tradução do original francês é de Waldecy Tenório.

Na 4ª capa, o editor brasileiro imprimiu estas palavras:

Para muitos de nós, Deus parece totalmente ausente. Uma ausência tão sufocante e desorientadora, que nos leva a indagar se Deus existe.

Como crer em Deus diante de todas as atrocidades que se cometem?

Mas a Ausência que nos angustia não poderia ser provocada por nós mesmos? Não nos teríamos tornado surdos ou desatentos aos apelos de Deus?

De modo mais simples possível, Dominique Morin nos leva a compreender as dificuldades que temos para ver e aceitar os acenos que Deus nos faz continuamente.

No curto prefácio da obra, o autor faz as seguintes declarações:

Deus parece cada vez mais ausente do mundo ocidental. Uma ausência tão sufocante e desorientadora que o próprio crente acaba algumas vezes por se perquntar se, afinal, Nietzsche não estava certo ao afirmar, com toda paixão: “Deus morreu!”

Como acreditar em Deus, com tantas atrocidades à nossa volta? Como crer nele, quando nos sentimos num mundo em que o dinheiro todo-poderoso parece tudo esmagar? Um mundo no qual perigos, guerras, intolerâncias e poluições de todo tipo nos ameaçam de toda parte. Um mundo em que as descobertas cientificas e técnicas, prodigiosas e freqüentemente benéficas, escondem também perigos ameaçadores que podem se voltar contra o homem.

Diante dessa triste realidade, pode-se compreender que muitos respondam negativamente à questão “Deus existe?” Seus argumentos são interessantes, embora não suficientes para provocar uma adesão. Não há provas absolutas e irrefutáveis da não-existência de Deus.

Não há também provas absolutas e irrefutáveis de sua existência, mesmo que os argumentos em seu favor, que encontramos nas páginas seguintes, sejam numerosos e importantes. Como, no entanto, explicar a existência do universo e sua evolução, a aparição da consciência, notadamente com o ser humano e as prodigiosas possibilidades de seu espirito, a emergência das religiões e das necessidades espirituais do homem, sem fazer apelo a um principio superior? Eis o que parece difícil.

Mas, supondo-se que esses diversos argumentos possam suscitar uma adesão em favor da existência de Deus, de que Deus se trata? Para nós, não se trata de uma espécie de Ser superior mais ou menos indefinido mas do Deus da revelação cristã, tal como foi revelado por Jesus Cristo. É dele que iremos falar mostrando que há fortes argumentos em favor de sua existência.

O Deus da Vida

GUSTAVO GUTIÉRREZ — EDIÇÕES LOYOLA

Este inspirado livro, cujo título original é *El Dios de la Vida*, de autoria de Gustavo Gutierréz, publicado no Brasil (com licença eclesiástica) pela Edições Loyola em 1990, é um livro de grande força social. É uma leitura obrigatória para todos aqueles que estão buscando respostas para sua problemática existencial.

Para que o nosso leitor tenha uma noção melhor do livro *O Deus da Vida*, transcrevemos, a segutr, os últimos parágrafos da Introdução do livro:

Tomar contato com a Bíblia significa lê-la. É um texto. Vamos a ela com as nossas questões, inquietações e esperanças. Elas partem da realidade que vivemos. Tal foi a prática da Igreja no decorrer de toda história. É o que denominamos pré-texto, com o qual nos aproximamos da Bíblia, a lemos e relemos continuamente. João Paulo II o recordou no Brasil: "A Igreja vem meditando estes textos e estas mensagens desde os seus albores, mas tem consciência de que ainda não os aprofundou como desejaria (e será que os aprofundará algum dia?). Em diferentes situações concretas, ela *relê esses textos* e perscuta esta mensagem no intuito de neles descobrir uma *aplicação nova*."

Plano da exposição

As questões sobre Deus que tradicionalmente fazemos podem ser ordenadas de acordo com os tópicos da retórica clássica. A partir daí é possivel afirmar que o fundamental é:

An sit? — Deus existe?
Quid sit? — Que é Deus?
Ubi sit? — Onde está Deus?
Quo modo sit? — Como falar de Deus?
Cur sit? — Por que Deus?

Essa ordem pode nos fornecer um útil fio condutor. Vamos desenvolver esta exposição com base nas três perguntas centrais. Elas nos permitirão responder, no fundamental e de modo concreto, às outras duas questões (primeira e última). Com efeito, de pouco nos serviria discorrer sobre a existência de Deus, se antes não determinássemos de que Deus falamos. O quinto ponto é medular e por isso estará muito presente quando tratarmos das três questões indicadas, já que na realidade não é possível separá-lo delas.

Assim as três partes da nossa exposição serão:

* Que é Deus? Um Deus Pai.
* Onde está Deus? No Reino que Jesus anuncia
* Como falar de Deus? Sob o impulso do Espírito.

Desejamos com estas páginas facilitar o acesso de um público amplo à Escritura. Queremos que os textos falem por si mesmos (daí as numerosas citações). Eles estarão acompanhados de breves comentários que os situam, enfatizaram certos pontos-chave e estabelecem algumas relações. Pela mesma razão, buscamos evitar uma linguagem técnica e reduzir as notas e as referências bibliográficas.

Nosso desejo é que este livro ajude a melhor conhecer ao Deus da revelação bíblica e conseqüentemente a proclamá-lo como Deus da vida.

Filosofia da Religião

FULTON J.SHEEN — LIVRARIA AGIR EDITORA

Este é um dos mais notáveis livros do famoso bispo norte-americano Fulton Sheen, teólogo, filósofo, ensaísta, homem de imprensa, de rádio e de televisão, conhecido no mundo inteiro pela extraordinária cultura e pela capacidade de falar ao homem de hoje numa linguagem que, embora não o lisonjeie, Ihe é perfeitamente acessível.

Neste *Filosofia da Religião*, Sheen traça com rigor científico um quadro geral do pensamento moderno, sobretudo no tocante às suas vinculações com o problema religioso.

O ponto de partida é o exame, em profundidade, do choque ou do impacto que, a partir do racionalismo, se produzlu entre o espírito do tempo o *Zeitgeist* da Idade moderna, e a veiha tradlção filosófica e teológica. Demonstra, então, o Autor como, da antiga revolução espirltual cartesiana aos nossos dias, o racionalismo passou insensivelmente para muitos mas por força de uma lógica implacável, ao *romanticismo*, que abandonou a inspiração científica inicial do sistema, depois ao *mecanicismo*, que é uma como retomada de posição, expressa pela volta às concepções newtonianas, e que, sem deixar de suscitar a triplice reação da religião, da filosofia e da clência, vai, contudo, abrir caminho à etapa final que é a do *irracionalismo do pensamento moderno.* O triunfo do *irracional* adquire, para o Autor, expressão filosófica através de William James, Henri Bergson E Friedrich Nietszche; sentido social, com William MacDougall, Gabriel Tarde, Émile Durkheim, Georges Sorel e outros, e que leva à construção de um esquema irracionalista, dentro do qual se move a sociedade, e cujas leis são as do *mito*, da *violência*, e do *ateísmo*. Após a formulação jurídica do *positivismo*, com John Austin à frente, vamos ver o *irracionalismo sociológico* conduzido à prática por homens como Lenin, Hitler Mussolini e outros arautos do totalitarismo contemporâneo. Nem a religião escapa ao irracionalismo, estáglo final do falso racionalismo, inimigo da lnteligência: nega-se à razão a capacidade de atingir a Deus, considerado não mais como pessoal e transcendente, mas como imanente ao universo. Bertrand Russel e o próprio Whitehead exprimiram essa atitude caracteristlca do *deísmo-panteísta* de hoje. Aqui examina o Autor, exaustivamente, as posições de alguns dos mais importantes homens de ciência de nossos dias, preocupados com problemas de filosofia e de religião: James Jean, A. S. Eddington, Samuel e, de novo, Henri Bergson.

A segunda parte Sheen a reserva a uma reafirmação dos princípios metafísicos nos quais se baseia a prova da transcendência e da imanência de Deus. Retoma, *em têrmos de conhecimento moderno*, as cinco vias de São Tomás, demonstrando-lhe a completa independência em relação à cosmologia da época ou do tempo de Aristóteles. Não é a mais extensa, mas é a parte central do livro, como base de sustentação de toda a obra.

Segue-se estudo minucioso dos contatos e das choques entre a ciência moderna e a religião: alguns dos temas da primeira parte voltam à baila, mas o Autor se fixa, principalmente, sobre o problema das ciências físicas, ou de uma filosofia da natureza, que tenha em conta a orientação cientifica atual, dedicando ainda um capítulo às religiões comparadas em sua relacão com a filosofia e a teologia, onde desenvolve, esplêndidamente, idéias sugeridas por De Broglie; e outro sobre *História e Religião*, no qual atende à inclinação que invariavelmente se verifica em momentos de crise do pensamento, conduzindo o homem a se voltar para o passado, a fim de nele buscar solução para os problemas do presente.

Filosofia da Religião termina com uma das mais profundas especulações acerca do homem, cujos problemas eram estudados na Idade Média, diz Sheen, mas que, nos dias de hoje, constitui ele próprio um problema. *O homem natural* do liberalismo histórico transforma-se rapidamente no *homem frustrado* do século XX, o que é um convite a que o filósofo cristão de nosso tempo aprofunde sua *metafísica do homem*. Nessa parte do livro o Autor procura traçar a figura do homem, sobretudo a do *homem frustrado*, apelando não apenas para filósofos, como Nietzsche, Kierkegaard ou Berdiaeff e para teólogos, como Karl Barth e Emil Brunner, mas para ensaístas e autores de ficção, como H. G. Wells (em duas fases: liberal e pessimista), D. H. Lawrence, Aldous Huxley, Unamuno, Ernest Hemingway e, antes, Dostoievski, Komiakov, Soloviev, etc., sem falar de pensadores anglo-saxônicos típicos, tais C. E. M. Joad e Reinhold Nieburhr.

Eis, numa visão de conjunto, o grande livro de Fulton J. Sheen que a Livrarla Agir Editora agora oferece aos leitores de lingua portuguêsa, na fiel e esplêndida tradução de Marcílio Teixeira Marinho.

Sabedoria & Felicidade

JOSÉ DA SILVA MARTINS — EDITORA MARTIN CLARET

Sabedoria & Felicidade, de autoria de José da Silva Martins, 4ª edição, é obra publicada com o selo da editora Martin Claret.

Este livro é uma das mais perfeitas coletâneas de pensamentos da sabedoria universal.

O material promocional sobre a obra informa: livro de profunda mensagem espiritual. Certamente se tornará, para muitos, um livro de cabeceira, pois é obra para reflexão e meditação.

Além de conter mais de mil pensamentos e máximas dos maiores sábios, profetas, educadores e cientistas de todos os tempos, reproduz, em grego e em francês, os *Versos de Ouro de Pitágoras*, o iluminado sábio grego que inspirou e influenciou Sócrates e Platão.

Em cada capítulo o autor faz um reflexivo comentário sobre o assunto enfocado.

Transcrevemos, a seguir, alguns depoimentos sobre a obra do senhor José da Silva Martins:

"Ler um livro, ungido de tanta espiritualidade, comove profundamente a alma. Você fez o milagre de em cinco centenas de páginas tratar dos temas mais transcendentais com a lucidez de um crente em Deus e no destino transcendental do ser humano." **Alfredo Buzaide**, Ex-Ministro da Justiça e do Supremo Tribunal Federal.

"Ouso, apenas acrescentar, na minha qualidade de psiquiatra, tratar-se de um verdadeiro manual de psiquiatria, bela síntese que é, de tudo quanto se tem escrito sobre filosofia da vida, obra que irá figurar na minha estante, bem ao meu alcance, tantas vezes serei obrigado a consultá-la." **A. C. Pacheco e Silva**, psiquiatra e professor da USP.

"Em um só fôlego li o seu livro. Li-o e guardei-o para referências futuras. Ele faz a vida melhor. Mais fácil. Não é ela, somente, uma provação, pode ser uma recompensa do Altíssimo." **Jânio Quadros**, que fora presidente da República e grande mestre de português.

"Sabedoria & Felicidade, *tê-lo-ei ao alcence da mão que nos ensina tanta coisa sábia."* **Josué Montello**, escritor da Academia Brasileira de Letras.

"Sabedoria & felicidade *é obra para ler, reler e meditar. Tem a sabedoria de Montaigne."* **Otto Lara Rezende**, crítico literário da Academia Brasileira de letras.

Sobre o autor:

O jovem José da Silva Martins, de 99 anos, é um fenômeno literário. Aos 84, inspirado e apresentado pelo príncipe dos poetas brasileiros, Menotti Del Picchia, escreveu seu primeiro livro *Sabedoria & Felicidade*, que o levou ao Guinness Book, o Livro dos Recordes, como o escritor brasileiro mais idoso a publicar seu primeiro livro. Aclamado como uma das melhores obras filosóficas publicadas no Brasil, mereceu de Roberto Campos o seguinte comentário: "Louvo os críticos brasileiros que exaltaram o seu livro, colocando-o entre as nossas obras raras deste século."

Sabedoria & Felicidade é livro de leitura obrigatória.

Cruzando o Limiar da Esperança

PAPA JOÃO PAULO II — EDITORA FRANCISCO ALVES

Cruzando o Limiar da Esperança, *por sua Santidade João Paulo II, editado por Vittorio Messori, é um livro incomum. São depoimentos do Papa concedidos à este jornalista e escritor italiano, especializado em assuntos do Vaticano.*

Publicado na Itália, em 1994, pela Arnoldo Mondadore Editore S.p.A., Milão, e traduzido para quase todas as línguas, alcançou a incrível tiragem total de mais de 60 milhões de exemplares.

No Brasil, foi publicado pela Livraria Francisco Alves Editora — Tel.:(021) 221-3198)—, com tradução de Antônio Angonese e Ephraim Ferreira Alves, com coordenação editorial de Marcos Roque.

Na ocasião do lançamento no Brasil, o livro mereceu a mais alta acolhida por parte dos leitores e críticos; ainda continua sendo lido e relido, por católicos e não-católicos.

O editor entrevistador, o jornalista Vittorio Messori, ao escrever a extensa Introdução do livro, termina suas justificativas com estas calorosas palavras:

(...)

"Uma pedra, uma rocha à qual é possível agarrar-se na hora da provação, naquelas "tempestades da dúvida", naquelas "noites escuras" que assaltam nossa fé tantas vezes vacilante; a testemunha, que não hesita da verdade do Evangelho, da existência de um Outro Mundo, onde a cada um será dado o seu no qual a cada um — contanto que o tenha querido — será dada a plenitude da vida eterna.

Este é o serviço aos homens que o próprio Jesus Cristo confiou a um homem, fazendo-o Seu Vigário: "Simão, Simão, Satanás vos procurou para vos peneirar como o trigo, mas eu roguei por ti, para a tua fé não desfalecer; e tu, uma vez convertido, confirma os teus irmãos" (Lc 22,32).

Este é o serviço efetuado pelo atual sucessor de Pedro: o qual, depois de quase vinte séculos, está ainda entre aqueles que "viram a ressurreição" e que sabem que "aquee Jesus foi elevado ao Céu" (cf. At 1,22). E está pronto para confirmá-lo com o testemunho da própria vida, em palavras, mas sobretudo em atos.

Nesta mão firme, estendida para nos tranqüilizar; nesta corroboração, respeitosa e ao mesmo tempo apaixonada, do "esplendor da verdade" (uma expressão que volta muitas vezes, aqui), me pareceu estar o dom maior que se nos oferece nestas páginas.

Ao seu primeiro leitor fizeram muito bem, confirmando-o e estimulando-o a maior coerência, ao tentar tirar conseqüências mais adequadas das premissas de uma fé talvez mais teorizada que praticada na vida cotidiana.

Não duvido que farão bem a muitos, cumprindo assim a intenção única que animou este singular entrevistado. Ele — do leito do hospital onde se achava internado por uma dolorosa queda — garantia que oferecera um pouco de seu sofrimento também pelos leitores destas páginas, onde a palavra que talvez mais a miúdo se repete, junto a "esperança", seja "alegria".

Será, por acaso, retórico dizer-lhe que, também por isto, lhe estamos agradecidos? "

A todos os católicos e não-católicos, recomendamos, com entusiasmo, a leitura deste oportuno livro *de* e *sobre* Sua Santidade Papa João Paulo II.

Este Livro-clipping
não tem um final.
A partir daqui
ele continua em você...
... como um poderoso
fermento criador!

Coleção
O PODER DO PODER

O PODER DA AUTOCURA
O PODER DO PENSAMENTO
O PODER DA FÉ
O PODER DO SEXO
O PODER DO ZEN
O PODER DO SUBCONSCIENTE
O PODER DO SUCESSO
O PODER DO JEJUM
O PODER DA MAGIA
O PODER DO SILÊNCIO
O PODER DOS CHACRAS
O PODER DA SABEDORIA
O PODER DAS PLANTAS
O PODER DE DEUS
O PODER DA PNL
O PODER DA ASTROLOGIA
O PODER DOS ANJOS
O PODER DAS VITAMINAS
O PODER DA ORAÇÃO
O PODER DA AUTO-ESTIMA
O PODER DA PALAVRA
O PODER DOS SÍMBOLOS
O PODER DOS CRISTAIS
O PODER DO AMOR
O PODER DO DINHEIRO
O PODER DA MENTE
O PODER DA FELICIDADE
O PODER DO OTIMISMO
O PODER DOS ALUCINÓGENOS
O PODER DO YÔGA
O PODER DA NÃO VIOLÊNCIA
O PODER DA VISUALIZAÇÃO
O PODER DA AUTO-SUGESTÃO
O PODER DA AURA HUMANA
O PODER DOS SONHOS
O PODER DA MULHER

LIVRO | MARTIN CLARET | CLIPPING